Marianne Breier

AUSGEWÄHLTE TEXTE

Herausgegeben von
Hans Christian Meiser

RALPH WALDO EMERSON

GOLDMANN VERLAG

Made in Germany · 1/87 · 1. Auflage

Umschlaggestaltung: Design Team München
Satz: Filmsatz Schröter GmbH, München
Druck: Presse-Druck Augsburg
Verlagsnummer: 8441
Lektorat: Sybille Terrahe
Herstellung: Gisela Ernst
ISBN 3-442-08441-5

Inhalt

Vorwort

Ralph Waldo Emerson steht in der Reihe der großen amerikanischen Dichterphilosophen, deren Werk die Verbindung von Idealismus und Metaphysik auf der Grundlage eines puritanisch-nüchternen Pragmatismus auszeichnet. Diese Individualphilosophen behaupten gegenüber der europäischen Kulturtradition eine äußerst starke Selbständigkeit des Geistes, die um so erfrischender auf den Leser wirkt, je mehr sie das jeweilige Aktivitätsvolumen fördert: Prentice Mulford (1843–1891), Walt Whitman (1819–1892) und der persönliche Freund Emersons, Henry David Thoreau (1817–1862). Sie alle sind, wie es Emerson für sich selbst formulierte – »endlose Sucher mit keiner Vergangenheit hinter sich«. Dies stimmt natürlich nur für das »Denken nach vorne«, denn gerade das Schaffen Emersons fußt sowohl auf dem altgriechischen Platonismus wie auf dem deutschen Idealismus, außerdem auf dem Denken Goethes und Shakespeares, jener beiden Hauptgestalten seines Essay-Bandes »Repräsentanten des Menschengeschlechts« (Represantative Men, 1850). Die weiteren wichtigen Werke Emersons sind: »Die Führung des Lebens« (Conduct of life, 1860), »Englische Charakterzüge« (English Traits, 1856),

»Versuche« (Essays, 1841 und 1844), »Neue Essays« (Letters and Social Aims, 1876), »Die Natur« (Nature, 1836) und »Gesellschaft und Einsamkeit« (Society and Solitude, 1870). Bei den für diesen Band ausgewählten Essays, die das Gesamtdenken Emersons repräsentieren, wurde die leicht antiquierte Schreibweise der Übersetzungen der modernen Orthographie angepaßt.

Das Leben Emersons ist rasch erzählt: am 25. Mai 1803 wird er in Boston geboren. Da er aus einer alten Pastorenfamilie stammt, studiert er bis 1826 Theologie. Im darauffolgenden Jahr beginnt er zu predigen, legt jedoch 1832 sein Amt aus Gewissensgründen nieder. 1835 zieht er sich nach Concord zurück, eine Kleinstadt, welche acht Generationen früher von einem Vorfahren gegründet worden war. 1832 besucht er Europa, durchreist Frankreich, Italien und England. 1836 erscheint »Nature«, sein Erstlingswerk, dem jedoch anfangs kein Erfolg beschieden ist. In zwölf Jahren werden nur 500 Exemplare verkauft. 1847 folgt ein zweiter England-Besuch, die Herausgabe weiterer Essays schließt sich an, bis Emerson 1882 in Concord stirbt. Mittlerweile sind aber seine Schriften berühmt geworden, und selbst in Europa versieht Rainer Maria Rilke sein »Florenzer Tagebuch« (1898) und seine Monographie über den französischen Bildhauer Auguste Rodin (1902) mit Motti aus der Feder Ralph Waldo Emersons.

Emerson lehrt (nach Gregori Schischkoff), daß der

Geist das einzig Wirkende ist. Er ist der Träger des Göttlichen in der Natur und in der Seele. Dieser kommt als Urquelle die zentrale metaphysische Bedeutung zu. Die Philosophie ist die Ansicht, die die menschliche Seele sich selbst über die Einrichtung der Welt gibt. Es herrscht eine Allbeseelung oder die Auffassung der Natur als eines Geistig-Absoluten: die Natur ist alles, und alles ist Natur, auch die Seele; der Geist aber ist die Über-Seele (oversoul). Im Essay »Die Über-Seele« kommt dies deutlich zum Ausdruck, ohne dabei einem platten Pantheismus zu verfallen: Die Lehre von der Weltseele, dem einheitlichen Geist, der alle Erscheinungen schafft und durchdringt, die Widersprüche vereint, der in der lebendigen wie in der leblosen Materie derselbe ist. Dies sind alles keine unbedingt neuen Gedanken, der europäischen Philosophie von Platon bis Johannes Duns Scotus und Fichte ist dies längst vertraut. Aber Emersons Denken ist von einer antiwissenschaftlichen Haltung geprägt, da er erkannt hat, daß der Wissenschaft die Menschlichkeit fehlt. So kommt es zum idealistisch-aktivistischen Persönlichkeitsideal, welches noch heute den »american way of life« kennzeichnet. In seiner Schrift »Democratic Vistas« schreibt Walt Whitman 1888:

»Es ergreift uns in unseren hellsten Stunden ein Bewußtsein, ein Gedanke, der aufsteigt, unabhängig, aus allem anderen herausgehoben, ruhevoll wie die Sterne, ewig leuchtend. Dies ist der Gedanke der Identität – deiner für dich, wer immer du sein magst, wie meiner für mich. Es ist das Wunder aller Wunder, jenseits aller Konstatierung, der durchgeistigtste, lustigste von allen Träumen der Erde und doch die festeste Grundtatsache, ja das einzige Eingangstor, die einzige Erklärung aller anderen Tatsachen. In solchen andachtsvollen Stunden, inmitten der bedeutsamen Wunder des Himmels und der Erde (die doch nur bedeutsam sind, weil das Ich im Zentrum steht) fallen alle Dogmen und Traditionen, alles Konventionelle von uns und verliert alle Bedeutung vor dieser einfachen Vorstellung.« »Das Ich im Zentrum« – ein Gedanke, wie er auch von Emerson stammen könnte. So beginnt dieser die Einleitung zu »Represantative Men« mit den Worten:

»Es ist natürlich, an große Männer zu glauben. Die Natur scheint gemacht zu sein für den, der hervorragt. Die Welt wird aufrechterhalten durch die wahrhaftige Rede tüchtiger Männer. Sie machen die Welt gesund; die, die mit ihnen lebten, fanden das Leben schön und voller Nahrung. Das Leben ist süß und erträglich allein im Glauben an solche Gemeinschaft, und wie wir leben, sei es in der Idee oder in der Wirklichkeit, wir leben zusammen mit denen, die größer sind als wir. Wir nennen unsere Kinder und unsere Länder nach ihrem Namen; ihre Werke und Bilder schmücken unsere Wände, und jedes Erlebnis des Tages erinnert uns an einen Ausspruch aus ihrem Munde oder an eine ihrer Taten. Den großen Männern nachzugehen ist der Traum unserer Jugend, es ist die ernsteste Beschäftigung des männlichen Alters. Wir machen Reisen, um ihre Werke zu finden oder, wenn es möglich ist, einen Blick von ihnen zu erhaschen.«

Sollte Emerson damit (auch) sich selbst gemeint haben, so kann man ihm getrost folgen – ohne Schaden zu nehmen, im Gegenteil. Da aber nicht alle Persönlichkeiten »die Welt gesund machen«, ist bei manchen »tüchtigen Männern« Vorsicht angebracht – wie die menschliche Geschichte lehrt. »Der Rattenfänger von Hameln« ist nur eine Parabel, aber oft genug, zu oft schon, ist sie Wirklichkeit geworden.

Der Herausgeber

Geistige Gesetze

Wenn unser Geist sich der Betrachtung hingibt, wenn wir uns selbst im Lichte des Gedankens besehen, so entdecken wir, daß unser Leben in Schönheit eingehüllt ist. Alle Dinge, die wir im Schreiten hinter uns lassen, nehmen gefällige Formen an wie ferne Wolkenzüge. Und nicht die vertrauten und altgewohnten Dinge allein, sondern die tragischen und schrecklichen sogar, erscheinen uns anmutsvoll, wenn sie sich in die Bilder der Erinnerung reihen. Der Ufersand, das Unkraut am Wasserrande, das alte Haus, die komische Person – wie sehr wir sie einst auch übersahen – gewinnen einen Reiz in der Vergangenheit. Selbst die Leiche, die in den Zimmern lag, hat dem Hause einen feierlichen Schmuck verliehen. Die Seele will weder Häßliches noch Schmerzen kennen; wenn wir in den Stunden klarer Vernunft die strengste Wahrheit äußern wollten, so müßten wir gestehen, daß wir nie ein Opfer brachten. In solchen Stunden erscheint der Geist so groß, daß es ist, als ob uns nichts Wesentliches genommen werden könne. Aller Verlust, aller Schmerz ist ein solcher nur vom Teilstandpunkt betrachtet; das Weltall bleibt dem Herzen unverletzt. Weder Ärgernisse noch Ungemach können unser Vertrauen zerstören. Kein Mensch hat je seinen Kummer so leichthin behandelt, als er sollte. Selbst der geduldigste und abgehetzteste Klepper, der je getrieben ward, übertreibt; denn es ist nur das Endliche, das gekämpft und gelitten hat, das Unendliche liegt in lächelnder Ruhe da.

Das geistige Leben kann rein und gesund erhalten werden, wenn der Mensch das Leben der Natur lebt und seinem Geiste keine Lasten auferlegt, die ihm nicht zugehören. Kein Mensch sollte in seinen Spekulationen verwirrt werden. Laßt ihn nichts tun und sagen, was ihm nicht zugehört, und, sei er noch so bücherungelehrt, so wird seine Natur ihm doch keine geistigen Hemmnisse und Zweifel entgegenstellen. Unsere Jugend krankt an den theologischen Problemen der Erbsünde: Ursprung des Bösen, Vorherbestimmung und ähnlichem. All dies bot dem Menschen niemals eine praktische Schwierigkeit, verdunkelte nie einem Menschen den Pfad, der nicht von seinem Weg abwich, es zu suchen. Dies sind die Kinderkrankheiten der Seele, und die sie nicht durchgemacht haben, können ihre Gesundheit nicht schildern oder das Heilmittel verschreiben. Ein schlichter Geist wird diese Feinde niemals kennenlernen. Eine ganz andere Sache ist es, wenn er seinen Glauben rechtfertigen und einem anderen die Theorie seiner inneren Einheit und Freiheit entwickeln soll. Dies fordert seltene Gaben; doch mag auch ohne diese Selbsterkenntnis eine frische Kraft und Ganzheit in dem sein, was er ist. »Ein paar starke Instinkte und ein paar klare Regeln« genügen uns.

Mein Wille gab den Vorstellungen in meinem Geiste

nie den Rang, den sie nun einnehmen. Der regelrechte Studienlauf, die Jahre akademischer und beruflicher Erziehung haben mir keine besseren Tatsachen überliefert als einst manch müßiges Buch unter der Bank der Lateinschule. Was wir nicht Erziehung nennen, ist kostbarer als das, was wir so nennen. Während ein Gedanke uns überkommt, können wir den verhältnismäßigen Wert desselben nicht ermessen. Und die Erziehung verschwendet ihre Mühen oftmals in Versuchen, diesem natürlichen Magnetismus, der das ihm Zugehörige mit Sicherheit wählt, Widerstand zu leisten und ihn zu umgehen.

Gleicherweise wird auch unsere sittliche Natur durch jede Einmischung des Willens geschädigt. Die Menschen stellen die Tugend als einen Kampf dar und tun sich groß mit ihren Siegen; und wenn von einer edlen Natur die Rede ist, wird stets die Frage hin und her gewendet, ob der Mensch nicht mehr zu loben sei, der mit der Versuchung ringt. Darin jedoch liegt kein großes Verdienst. Entweder ist Gott gegenwärtig, oder er ist es nicht. Wir lieben die Naturen im Verhältnis zu ihrer Impulsivität und Spontaneität. Je weniger der Mensch über seine Tugend denkt oder weiß, um so lieber ist er uns. Timoleons Siege sind die besten Siege, die gleich homerischen Versen einhereilten und strömten, wie Plutarch sagt. Wenn wir einer Seele begegnen, deren Handlungen alle königlich, gefällig und lieblich wie die Rosen sind, so müssen wir Gott danken, daß solches sein kann und ist und uns nicht mürrisch gegen den Engel kehren und sagen: »Maier mit seinem knurrenden Widerstand gegen sein eingeborenes Teufelstum ist der bessere Mensch.«

Nicht weniger augenfällig ist das Übergewicht der Natur über den Willen im ganzen praktischen Leben. Es geht weniger Absicht durch die Geschichte, als wir ihr zuschreiben. Wir dichten Cäsar und Napoleon tiefgegründete weitsichtige Pläne an, doch das Beste ihrer Kraft lag in der Natur, nicht in ihnen. Menschen von außerordentlichem Erfolg haben in ihren ehrlichen Momenten stets gesungen: »Nicht unser Tun, nicht unser Tun!« Gemäß dem Glauben ihrer Zeit haben sie der Fortuna oder dem Schicksal oder dem hl. Julian Altäre gebaut. Ihr Erfolg lag in ihrer Übereinstimmung mit dem Gange der Idee, die in ihnen freien Durchzug fand; und die Wunder, deren sichtbare Leiter sie waren, erschienen dem Auge als ihre Tat. Haben die Drähte den Galvanismus geschaffen? Es ist in Wahrheit weniger Reflexion in ihnen, als in anderen; so wie die Tugend einer Pfeife in ihrer Glätte und Hohlheit besteht. Was äußerlich Wille und Unerschütterlichkeit schien, war Hingabe und Selbstopferung. Könnte Shakespeare eine theoretische Erklärung Shakespeares geben? Konnte je ein Mensch von wunderbarem mathematischen Genie anderen Einblick in seine Schaffensweise gewähren? Wenn er dies Geheimnis mitzuteilen fähig wäre, so würde es augenblicklich seinen übertriebenen Wert verlieren, es würde eins werden mit der Tageshelle, der Lebenskraft, der Kunst zu stehen oder zu gehen.

Durch solche Beobachtungen werden wir gewaltsam gelehrt, daß unser Leben viel leichter und einfacher sein könnte, als wir es gestalten, daß die Welt eine glücklichere Stätte sein könnte, als sie es ist; daß die Kämpfe, Zuckungen und Verzweiflungen, das Händeringen und Zähneknirschen nicht vonnöten sind; daß wir die Mißgestalt unseres eigenen Elends schaffen. Wir treten störend dem Optimismus der Natur entgegen; denn, wenn immer wir jenen vorteilhaften Standpunkt finden, den wir der Vergangenheit gegenüber einnehmen, oder eines weiseren Geistes in der Gegenwart teilhaftig werden, so gewahren wir, daß wir von Gesetzen umgeben sind, die sich selbst erfüllen.

Der Anblick der äußeren Natur gibt uns die gleiche Lehre. Die Natur will nicht, daß wir weinen und toben. Aus unserer guten Gesinnung und unserer Bildung macht sie sich ebensowenig, als aus unserem Trug und unseren Fehden. Wenn wir aus dem Rat oder der Bank oder der Protestversammlung gegen die Sklaverei, aus dem Mäßigkeitsverein oder dem philosophischen Klub in die Felder und Wälder treten, ruft sie uns zu: »So heiß, mein Kleiner?«

Es ist eine Fülle mechanischer Aktion in uns. Wir aber müssen uns natürlicherweise einmischen und nach unserem Kopfe handeln, bis die Opfer und Tugenden der Gesellschaft widerlich erscheinen. Liebe sollte Freude erzeugen; unser Wohltun ist aber ein mißglücktes. Unsere Sonntagsschulen und Kirchen und Armenvereine sind nur ein Joch auf unserem Nacken. Wir plagen uns keinem zur Freude. Es gibt natürliche Wege zu ähnlichen Zielen zu gelangen, die auf jene Weise angestrebt, aber nicht erreicht werden. Warum sollen sich alle Tugenden auf ein und dieselbe Weise äußern? Warum sollen alle Dollars geben? Uns Landleuten paßt dies sehr schlecht, und wir erhoffen uns davon nichts Gutes. Wir besitzen keine Dollars. Die Kaufleute, die sie haben, mögen sie verschenken. Der Landwirt wird Korn geben, die Dichter werden singen, die Frauen nähen, die Arbeiter ihre Hände leihen und die Kinder ihre Blumen bringen. Und wozu die tote Last der Sonntagsschule durch die ganze Christenheit schleppen? Es ist natürlich und schön, daß die Kindheit frage und das Alter lehre; aber es ist Zeit genug, erst zu antworten, wenn sie fragt. Schließt die Jugend nicht gegen ihren Willen in Bänke ein und zwingt die Kinder, sei es auch nur für eine Stunde, nicht zu Fragen, die sie nicht fragen wollen.

Wenn wir weiter ausschauen, sind alle Dinge gleich. Gesetze und Schriften und Glaube und Lebensweise erscheinen als Travestie der Wahrheit. Unsere Gesellschaft ist von einem gewaltigen Mechanismus beschwert, der den endlosen Aquädukten gleicht, welche die Römer über Hügel und Täler bauten, und die alsdann durch die Entdeckung des Gesetzes verdrängt wurden, daß das Wasser zur Höhenfläche seines Ursprungs steigt. Sie ist wie eine chinesische Mauer, die jeder flinke Tatar zu überspringen vermag. Sie ist wie ein stehendes Heer, nicht so gut als der Friede. Sie ist ein rangweis gegliedertes, betiteltes, mit reichen Gehalten ausgestattetes Kaisertum, das überflüssig wird, wenn Bürgerversammlungen sich als ebenso tunlich erwiesen haben.

Laßt uns von der Natur belehren, die stets auf den kürzesten Wegen schafft. Die Frucht fällt, wenn sie reif ist. Wenn sich die Frucht gelöst hat, fällt das Laub. Die Kreisbewegung der Gewässer ist ein bloßes Fallen. Der Gang des Menschen und aller Tiere ist ein Vorwärtsfallen. All unser Handwerk und unsere Kraftleistungen, wie stemmen, spalten, graben, rudern usw. vollziehen sich durch ein ständiges Fallen, und die Kugel, Erde, Mond, Komet, Sonne und Sterne fallen immer und ewig.

Die Einfachheit des Weltalls ist sehr verschieden von der Einfachheit einer Maschine. Wer die geistige Natur völlig durchschaut und gründlich weiß, wie Wissen erworben und Charaktere gebildet werden, ist ein Pedant. Die Einfachheit der Natur ist nicht von der Art, die leicht ergründet wird, sondern ist unerschöpflich. Die letzte Analyse bleibt uns in jeder Weise benommen. Wir beurteilen eines Menschen Weisheit nach seiner Hoffnung, denn wir wissen, daß die Erkenntnis des Unerschöpflichen in der Natur ewige Jugend verleiht. Die wilde Fruchtbarkeit der Natur wird fühlbar, wenn wir unsere steifen Worte und Würden mit unserem flutenden Bewußtsein vergleichen. Wir stellen in dieser Welt Sekten und Schulen, Gelehrsamkeit und Frömmigkeit dar und sind mittlerweile nur geistlose Kinder. Man sieht sehr gut, wie der Pyrrhonismus entstand. Ein jeder sieht, daß er jener Mittelpunkt ist, von dem aus alle Dinge mit gleichem Recht bejaht und verneint werden können. Er ist alt, er ist jung, er ist sehr weise, er ist ganz und gar unwissend. Er hört und fühlt, was von dem Seraphim und was vom Hausierer gesagt wird. Es gibt keinen dauernd Weisen, ausgenommen in der Erdichtung der Stoiker. Während wir lesen oder malen, stellen wir uns auf die Seite des Helden gegen den Feigling und Räuber und werden es wieder sein; nicht im niederen Sinne, sondern im Vergleich zu der erreichbaren Hoheit der Seele.

Ein wenig Betrachtung dessen, was täglich sich um uns abspielt, würde uns lehren, daß ein höheres Gesetz als unser Wille die Ereignisse regelt; daß unsere mühevolle Arbeit unnötig und fruchtlos ist; daß wir nur in unserem freien, schlichten und unmittelbaren Tun stark sind und göttlich werden, wenn wir uns voll Gehorsam hingeben. Glaube und Liebe – eine gläubige Liebe wird uns von schwerer Sorgenlast erlösen. O meine Brüder, Gott ist. Eine Seele lebt im Mittelpunkte der Natur und wacht über dem Willen der Menschen, so daß deren keiner dem Weltall Schaden bringen kann. Sie hat der Natur ihren starken Zauber so sehr eingeflößt, daß wir gedeihen, wenn wir ihrem Rate folgen; und wenn wir ihre Geschöpfe zu verwunden suchen, sind unsere Hände wie gebunden, oder sie martern unsere eigene Brust. Der ganze Lauf der Dinge lehrt uns Glauben. Wir brauchen nur zu gehorchen. Einem jeden von uns ist ein Führer beigegeben, und wenn wir demütig lauschen, werden wir das rechte Wort vernehmen. Warum müßt ihr so mühsam eure Stellung und Tätigkeit und Genossen, die Art des Handelns und der Unterhaltung wählen? Sicherlich gibt es ein mögliches Recht für euch, das die Notwendigkeit des Schwankens und der eigenmächtigen Wahl ausschließt. Es gibt eine Wahrheit für euch, eine rechte Stellung und angemessene Pflichten. Stellet euch in die Mitte des Stroms von Kraft und Weisheit, der alle, die er auf seiner Flut trägt, belebt, und ihr werdet ohne Mühen der Wahrheit, dem Rechten und einer vollkommenen Zufriedenheit zugetrieben. Dann setzt ihr alle euere Widersacher ins Unrecht. Dann seid ihr die Welt, das Maß des Rechten, der Wahrheit, der Schönheit. Wenn wir mit unserer elenden Einmischung nicht Störenfriede wären, würden Arbeit, Geselligkeit, Schriften, Künste, Wissenschaft und die Religionen der Menschheit viel besser als jetzt gedeihen, und der von Anbeginn der Welt verheißene Himmel, den uns der Grund unseres Herzens immer noch verheißt, würde sich gestalten, wie jetzt die Rose, die Luft und die Sonne.

Ich sage: *wählet nicht*; doch ist das eine Redensart, mit der ich unterscheiden möchte, was für gewöhnlich bei den Menschen Wahl heißt und eine Teiltat bedeutet, so wie die Wahl der Hände, der Augen, des Hungers und nicht eine ganze Tat des Menschen. Was ich aber recht und gut nenne, ist die Wahl meines Wesens; und was ich Himmel nenne und innerlich erstrebe, ist der von meinem Wesen ersehnte Zustand; und die Tat, die ich alle die Jahre lang zu tun begehre, ist das Werk meiner Fähigkeiten. Wir müssen einen Menschen für die Wahl seines täglichen Gewerbes oder Berufes verantwortlich halten; es bleibt keine dauernde Entschuldigung seiner Handlungen, daß sie zu den Sitten seines Gewerbes gehören. Was hat er mit einem schlechten Handel zu schaffen? Liegt nicht in seinem Charakter sein *Beruf*? Jeder Mensch hat seinen eigenen Beruf. Das Talent ist der Beruf. Es gibt eine Richtung, nach der hin der ganze Raum ihm offen liegt. Es sind Fähigkeiten in ihm, welche ihn schweigend zu endloser Betätigung einladen. Er ist wie ein Schiff auf dem Flusse: er rennt gegen Hindernisse auf allen Seiten, nur auf der einen nicht, da ist aller Widerstand hinweggenommen, und ruhig gleitet es über einen immer tieferen Kanal in ein unendliches Meer hinaus. Dieses Talent und dieser Beruf hängen von seiner inneren Beschaffenheit ab oder von der Art, wie die Allseele sich in ihm verkörpert. Es treibt ihn, das zu tun, was ihm leicht fällt und in der Vollendung als gut erscheint, das aber kein anderer zu tun vermag. Ihm erwächst kein Nebenbuhler; denn je ernstlicher er seine eigene Kraft prüft, um so mehr wird sein Werk sich von dem Werke anderer unterscheiden. Sein Ehrgeiz ist seinen Kräften genau angemessen. Die Höhe des Turmes wird durch die

Breite der Basis bestimmt. Ein jeder hat diese Mission der Kraft, etwas in seiner Art einziges zu tun, in sich, und keiner hat einem anderen Rufe zu gehorchen. Der Vorwand, er habe einem anderen Rufe zu folgen, – einem Namensaufruf, einer persönlichen Erwählung und äußeren Zeichen, die ihn als ungewöhnlich und über die Menge ragend hinstellen, – ist Fanatismus und verrät Unfähigkeit zu begreifen, daß ein Geist durch alle Individuen geht, ohne Achtung der Persönlichkeiten.

Indem er sein Werk vollbringt, zeigt er die Lücke, die er ausfüllt und schafft selbst den Geschmack, mit dem er genossen wird. Indem er sein eigenes Werk vollbringt, entfaltet er sich selbst. Es ist der Fehler unserer öffentlichen Redeweise, daß sie kein Sichselbstgehenlassen kennt. Irgendwann sollte nicht allein jeder Redner, sondern jedermann die Zügel schießen lassen; sollte er den herzlichen und freien Ausdruck dessen finden oder geben, was an Kraft und Überzeugung in ihm lebt. Die häufigste Erfahrung ist die, daß der Mensch sich, so gut es eben geht, an die üblichen Einzelheiten der Arbeit oder des Gewerbes, denen er verfällt, anpaßt und ihrer wartet, wie der dressierte Hund des Bratspießes wartet. Dann ist er ein Teil der Maschine, die er bewegt; der Mensch aber ist verloren. Solange er sich nicht in seiner wahren Gestalt und Bedeutung anderen mitteilen kann, ist er seinem Beruf noch immer fern. Er muß darin eine freie Bahn für seinen Charakter finden, so daß er sein Tun vor ihren Augen rechtfertige. Wenn die Arbeit niedrig ist, laßt sie ihn durch Denkweise und Charakter veredeln. Alles, was er denkt und weiß, alles, was er als der Arbeit wert hält, das laßt ihn mitteilen, damit er seinem Werte nach geschätzt und erkannt werde. Wie töricht, wenn ihr die Niedrigkeit und den Schein eures Tuns in den Vordergrund zieht, statt es in die gehorsamen Atemzüge eures Charakters und eurer Ziele umzuwandeln. Wir schätzen nur die Taten, die seit langem schon von den Menschen gepriesen wurden und erkennen nicht, daß alles, was der Mensch tut, auf göttliche Weise geschehen kann. Wir glauben die Größe an gewisse Stellen und Pflichten, an bestimmte Ämter oder Angelegenheiten gebunden und sehen nicht, daß Paganini einer Darmseite, Eulenstein einer Maultrommel und ein fingergewandter Knabe aus Papierschnitzeln mit seiner Schere, Landseer aus einem Schweine und der Held aus der ärmlichsten Behausung und Gesellschaft, in der er verborgen war, Entzückungen gewinnen kann. Was wir dürftige Zustände oder niedere Gesellschaft nennen, sind jene Zustände und Gesellschaft, deren Poesie noch nicht besungen ist, die aber alsobald wie jede andere beneidet und viel genannt werden könnte. Laßt uns in unserer Schätzung von den Königen lernen. Die Gaben der Gastfreundschaft, die Familienverbindungen, den tiefen Eindruck des Todes und tausend andere Dinge verwertet das Königstum auf seine eigene Weise, und ein königlicher Geist desgleichen.

Immer und überall alles neu zu werten – das ist Erhebung.
Was ein Mensch tut, das ist sein: Was hat er mit Hoffnung oder Furcht zu tun? In ihm selbst liegt seine Macht. Laßt ihn als sicheres Gut nur das betrachten, was in seiner Natur liegt und aus ihm wachsen muß, solange er lebt. Die Güter des Glücks mögen kommen und vergehen wie Sommerlaub; laßt sie ihn bei jedem Windstoß verstreuen, als die vergänglichen Zeichen seiner unendlichen Schaffenskraft.
Jeder kann wirkliches Eigentum erwerben. Des Menschen Anlage, die Eigenschaft, die ihn von jedem anderen unterscheidet, die Empfänglichkeit für bestimmte Einflüsse, die Auswahl des ihm Zusagenden, das Abstoßen des Untauglichen entscheiden für ihn den Charakter des Weltalls. Ein Mensch ist eine Methode, eine aufsteigende Ordnung, ein Prinzip der Auswahl, der ihm Verwandtes anzieht, wohin er sich wendet. Er nimmt nur das ihm Zugehörige aus der Fülle, die um ihn treibt und kreist. Er gleicht jenen Querbalken, die man vom Ufer der Flüsse aus gesetzt hat, um Kleinholz zu fangen, oder magnetischem Eisenerz unter Stahlspänen. Jene Tatsachen, Worte, Persönlichkeiten, die in seiner Erinnerung wohnen, ohne daß er sich des Grundes bewußt ist, bleiben haften, weil sie ihm Verwandtes in sich tragen, das, ob auch noch unbegriffen, nicht weniger wirklich ist. Sie sind Wertsymbole für ihn, indem sie Teile seines Bewußtseins wiedergeben, die er vergebens in den konventionellen

Bildern und Büchern anderer Geister suchen würde. Was meine Aufmerksamkeit erregt, gehört ihr zu; so wie ich dem Manne, der an meine Türe klopft, entgegenkomme, indessen Tausende gleichen Wertes unbeachtet von mir an ihr vorübergehen. Es genügt, daß diese Einzelheiten zu mir sprechen. Ein paar Anekdoten, ein paar Charakterzüge, Manieren, Gesichter und ein paar Vorfälle nehmen in euerem Gedächtnis eine Bedeutung an, die vom gewöhnlichen Standpunkte aus in keinem Verhältnis zu ihrer anscheinenden Wichtigkeit steht. Sie sind eueren Gaben verwandt. Laßt ihnen ihr Gewicht und stoßet sie nicht ab, um gebräuchlicheren Erläuterungen und Tatsachen in der Literatur nachzuspüren. Was deinem Herzen groß erscheint, ist groß. Die Emphase der Seele trifft immer das Rechte.

Über alle Dinge, die seiner Natur und seinem Genius angemessen sind, hat der Mensch das höchste Recht.* Überall mag er an sich nehmen, was zu seinem geistigen Besitz gehört; aber alles andere kann er sich nicht aneignen, ob auch alle Türen offenstünden, noch kann alle Kraft der Menschen ihn verhindern, sein Teil zu nehmen. Vergebens suchen wir ein Geheimnis vor demjenigen zu bergen, der ein Recht hat, es zu kennen. Es wird sich selbst verraten. Die Stimmung, in die ein Freund uns versetzen kann, ist seine Herrschaft über uns. Auf die Gedanken dieses Geisteszustandes

* Vgl. Goethe: »Jedes Individuum hat vermöge seiner Neigungen ein Recht zu Ansichten, die es als Individuum nicht aufheben.«

hat er ein Anrecht. Alle Geheimnisse dieses Zustandes kann er sich zu eigen machen. Das ist ein Gesetz, das Staatsmänner praktisch ausüben. Alle Schrecken der französischen Revolution, die Österreich in Furcht hielten, konnten seiner Diplomatie doch nicht Herr werden. Aber Napoleon sandte Herrn von Narbonne nach Wien, einen Vertreter des alten Adels, mit den Sitten, Manieren und dem Rufe dieser Kaste, beifügend, daß er der alten Aristokratie Europas notwendigerweise Menschen verwandter Art senden müsse, die in Wahrheit eine Art Freimaurertum darstelle. Herr von Narbonne ergründete in weniger als vierzehn Tagen alle Geheimnisse des kaiserlichen Kabinetts.

Nichts erscheint so leicht, als sprechen und verstanden zu werden. Dennoch mag ein Mann dahin kommen, als eines der stärksten Verteidigungs- und Bindemittel das zu erachten, – daß er verstanden wurde; und wer eine Ansicht aufgenommen hat, dem kann sie mit der Zeit zur unbequemsten aller Fesseln werden.

Wenn ein Lehrer eine seiner Ansichten gerne verbergen möchte, werden seine Schüler doch genau dieselbe Kenntnis davon erlangen, als von irgend einer, die er vorträgt. Wenn du Wasser in einen Kessel schüttest, der voll von Winkeln und Vertiefungen ist, wirst du vergebens sagen, ich will es nur in diese oder jene schütten; – es wird in allen dasselbe Niveau erreichen. Die Menschen fühlen die Folgen eurer Lehre und setzen sie in Taten um, sind aber unfähig zu zeigen, auf welche Weise sie ihr folgen. Zeigt uns einen Bogen der

Kurve, und ein guter Mathematiker wird die ganze Figur herausfinden. Wir schließen immer vom Sichtbaren auf das Unsichtbare. Daher das völlige Einverständnis, daß zwischen weisen Menschen entfernter Zeiten herrscht. Ein Mann kann seine Anschauungen in seinen Büchern nicht so tief vergraben, daß nicht die Zeit und Gleichgesinnte sie finden werden. Plato hatte eine Geheimlehre, nicht wahr? Welches Geheimnis kann er vor den Augen Bacons, Montaignes oder Kants bergen? Deshalb sagte Aristoteles von seinen Werken, »sie sind veröffentlicht und nicht veröffentlicht«.

Kein Mensch kann das lernen, wozu ihm die Vorbedingung fehlt, wie nah ihm auch der Gegenstand vor Augen liege. Ein Chemiker könnte einem Zimmermann seine kostbarsten Geheimnisse mitteilen, ohne daß dieser um so klüger würde – Geheimnisse, die er einem Chemiker nicht um ein Königreich verriete. Gott schützt uns allezeit vor frühreifen Ideen. Unsere Augen sind verschlossen, auf daß wir die Dinge nicht sehen können, die uns anstarren, bis die Stunde kommt, wo der Geist gereift ist; dann gewahren wir sie, und die Zeit, da wir sie nicht sahen, erscheint uns wie ein Traum.

Nicht in der Natur, im Menschen liegt alle Schönheit und aller Wert, den er schaut. Die Welt ist sehr leer und ist dieser verklärenden, emporhebenden Seele für all ihren Glanz verschuldet. »Die Erde füllet sich den Schoß mit Herrlichkeiten«, *die nicht ihr eigen sind*. Das Tal von Tempe, Tivoli und Rom ist Erde und Wasser,

Fluß und Himmel. Gleich gutes Wasser und Erde haben tausend Plätze, und doch wie gleichgültig lassen sie uns!

Die Menschen sind um Sonne und Mond, um des Horizontes und der Bäume willen nicht besser. Gleichwie man noch nicht beobachtet hat, daß die Aufseher römischer Galerien oder die Diener von Künstlern sich höhere Gedanken angeeignet hätten oder die Buchhändler besser sind als andere Menschen. In dem Benehmen einer verfeinerten und edlen Persönlichkeit liegt eine Anmut, die dem Auge eines Bauern entgeht. Sie gleicht den Sternen, deren Licht uns noch nicht erreicht hat.

Jeder kann nur das sehen, was er schafft. Unsere Träume sind die Folge unseres wachen Bewußtseins. Die nächtlichen Erscheinungen haben einige Ähnlichkeit mit den Erscheinungen des Tages. Häßliche Träume sind Übertreibungen der Sünden des Tages. Wir sehen unsere üblen Leidenschaften in bösen Physiognomien verkörpert. Der Reisende in den Alpen sieht zuweilen seinen eigenen Schatten riesenhaft vergrößert, so daß jede Geste seiner Hand zum Schreckbild wird. »Meine Kinder«, sagte ein alter Mann zu seinen Knaben, die durch eine Gestalt im dunklen Vorraum erschreckt waren, »meine Kinder, ihr werdet niemals Schlimmeres sehen als euch selbst.« Wie in Träumen, so sieht jeder Mensch sich auch in den kaum weniger flüssigen Ereignissen der Welt in Überlebensgröße, ohne zu wissen, daß er selbst es ist. Das Gute mit dem Bösen, was er sieht, verglichen, verhält sich gleich dem Guten, das er in sich trägt, zum eigenen Bösen. Jede Eigenschaft seines Herzens herrscht vergrößert in irgendwelcher bekannten Gestalt vor, so auch jede Bewegung des Herzens. Er ist wie ein Gefünfte von Bäumen, das nach Osten, Westen, Nord oder Süd gezählt immer fünf ergibt, oder wie ein Akrostichon, das am Anfang, in der Mitte, am Ende den gleichen Namen bildet. Und weshalb nicht? Er hängt dem einen an und weicht dem anderen aus, je nachdem sie ihm gleichen oder nicht, und sucht in Wahrheit sich in seinen Freunden wieder; dasselbe tut er in seinem Handeln, seinen Kleidern, Bewegungen, in Nahrung und Getränken und stellt sich schließlich in allen seinen Zuständen treulich als das dar, was er ist.

Jeder kann nur das lesen, was er schreibt. Was können wir anderes sehen oder erwerben, als was wir sind? Ihr saht einen klugen Mann Virgil lesen. Nun, dieser Dichter stellt für tausend Menschen tausend verschiedene Bücher dar. Nimm das Buch in deine beiden Hände und lies dir die Augen aus; du wirst nie finden, was ich finde. Wenn ein geistreicher Leser ein Monopol seiner gewonnenen Weisheit und des Entzückens haben möchte, so kann er dessen, obgleich das Buch heute verenglischt ist, so sicher sein, als wenn es in der Sprache der Südseeinsulaner verschlossen läge. Mit einem guten Buche ist es wie mit guter Gesellschaft. Einen niedrigen Menschen in einen Kreis von Adelsmenschen einzuführen, ist zwecklos; er ist nicht ihr

Genosse. Jede Gesellschaft schützt sich selbst. Der Kreis ist vollständig gesichert, und er gehört nicht zu ihnen, ob auch sein Körper im Zimmer weilt.

Was nützt es, gegen die ewigen Gesetze des Geistes anzukämpfen, welche die Beziehungen aller Menschen zueinander nach den mathematischen Maßen ihres Seins und Habens ordnen? Gertrud ist in Guido verliebt; wie erhaben, wie adelig, wie römerhaft seine Art und Weise! Mit ihm zu leben wäre wahres Leben und nie zu teuer errungen; und Himmel und Erde werden dazu in Bewegung gesetzt. Nun, Gertrud hat ihren Guido; was aber nützt ihr die erhabene, die adelige, römerhafte Miene und Lebensart, wenn sein Herz und seine Ziele im Senat, im Theater und im Billardsaale weilen und sie selbst keine Ziele, kein Geplauder hat, das ihren schönen Herrn zu fesseln vermöchte?

Jeder kann nur seine eigene Gesellschaft haben. Wir können nur das Naturgemäße lieben. Die herrlichsten Talente, die verdienlichsten Bemühungen nützen uns in Wahrheit sehr wenig; aber natürliche Nähe und Ähnlichkeit, wie köstlich ist die Leichtigkeit ihres Sieges! Es nahen uns einige um ihrer Schönheit und ihrer Talente willen berühmte Persönlichkeiten, und ihre Reize und Gaben sind des Staunens wert. Sie widmen diese eigenen Gaben der Stunde und Geselligkeit mit sehr unvollkommenem Resultat. Es wäre ja sicherlich undankbar von uns, wenn wir nicht laut ihr Lob sängen. Dann, wenn alles vorüber ist, tritt uns ein Wesen verwandter Art, Bruder oder Schwester von Natur, so sanft und ruhig, so vertraut und wohlbekannt entgegen wie das Blut in unseren Adern, daß wir vielmehr glauben, es sei vorher jemand fortgegangen gewesen, nicht jetzt jemand neu gekommen; wir sind wahrhaft erleichtert und erfrischt; es ist eine Art freudiger Einsamkeit. In den Tagen der Sünde wähnen wir Toren, daß wir den Freunden durch Nachgiebigkeit schmeicheln müssen, indem wir die Sitten der geselligen Welt, ihre Kleidung, Erziehung und ihren Geschmack nachahmen. Aber nur der Seele kann ich mich befreunden, die ich innerhalb meines eigenen Gebietes treffe, der Seele, der nichts in mir widerstrebt, die mir nicht widerstrebt, sondern, aus demselben himmlischen Breitegrad geboren, in sich selbst alle meine Erkenntnis trägt. Der Gelehrte vergißt sich und äfft die Gewohnheiten und Kleidungsart der Weltmenschen nach, um das Lächeln der Schönheit zu gewinnen; und so folgt er mancher leichten Dirne, wenn frommes Feuer ihn noch nicht das edle Weib zu finden lehrte, mit allem, was es Reines, Geheimnisvolles und Schönes um ihre Seele ist. Er sei groß, so wird die Liebe ihm folgen. Nichts bestraft sich schwerer, als Verachtung jener Wahlverwandtschaft, die allein die Geselligkeit bilden sollte, und der törichte Leichtsinn, der sich mit Hilfe fremder Augen seine Freunde wählt.

Jeder schafft sich seinen eigenen Maßstab. Es ist ein aller Annahme werter Grundsatz, daß ein Mensch die Freiheit, die er sich nimmt, genieße. Nimm deinen

Platz und die dir zugehörige Stellung ein, so werden alle Menschen dir zustimmen. Die Welt muß gerecht sein. Sie überläßt es jedem mit vollkommener Gleichgültigkeit, sich einen Maßstab zu schaffen. Held oder Narr, sie mischt sich nicht in die Sache. Sie wird sicherlich eueren eigenen Maßstab eueres Seins und Handelns annehmen, ob ihr nun herumschleicht und eueren eigenen Namen verleugnet, oder ob ihr euer Werk auf die gewölbten Sphären des Himmels ausgedehnt seht, eins mit dem Kreislauf der Sterne.

Die gleiche Wesentlichkeit geht durch alle Lehrweisen. Der Mensch kann nur durch Taten lehren und nicht auf andere Weise. Wenn er sich mitzuteilen vermag, kann er lehren, doch nicht mit Worten. Wer gibt, der lehrt, und wer empfängt, der lernt. Ein Lernen ist erst dann möglich, wenn der Schüler denselben Zustand oder die Grundsätze erreicht hat, in denen du befangen bist. Eine Transfusion geht vor sich; er ist du und du bist er; dann ist die Möglichkeit des Lehrens gegeben; und kein unfreundlicher Zufall oder schlechte Gesellschaft kann ihm je das Gewonnene rauben. Doch euere Sätze gehen zum einen Ohr hinein und zum anderen hinaus. Wir lesen angekündigt, daß Mr. Grand am 4. Juli und Mr. Hand vor den Polytechnikern Reden halten wollen; wir gehen aber nicht dahin, weil wir wissen, daß diese Herren sich nicht aus ihrem eigenen Wesen und ihrer Erfahrung heraus mitteilen werden. Wenn wir auf solch ein Vertrauen hoffen dürften, würden alle Mühseligkeiten und aller Widerstand uns nicht abschrecken. Die Kranken würden auf Tragstühlen herbeikommen. Aber eine öffentliche Rede ist eine Ausflucht, ein Sich-nicht-kompromittieren-wollen, eine Entschuldigung, ein Knebel und keine Mitteilung, keine Rede, kein Mensch.

Die gleiche Remesis wacht über allen Geisteswerken. Wir müssen erst noch lernen, daß das, was in Worten ausgesprochen wird, noch nicht bestätigt ist. Es muß sich selbst bejahen, und keine Form der Logik oder des Schwurs kann ihm Geltung schaffen. Die Sentenz muß zugleich die Rechtfertigung in sich schließen, daß sie ausgesprochen ward.

Die Wirkung alles Geschriebenen auf den öffentlichen Geist kann mathematisch nach seiner Gedankentiefe bemessen werden. Wieviel Wasser zieht es? Wenn es dich zum Denken weckt, wenn es dich mit der großen Stimme der Beredsamkeit emporhebt, dann wird es eine weite, allmähliche, dauernde Wirkung über die Geister der Menschen ausüben; wenn dich die Seiten nichts lehren, werden sie gleich Eintagsfliegen vergehen. Das Mittel, Dauerndes zu sprechen und zu schreiben, ist, ehrlich zu sprechen und zu schreiben. Das Argument, das meiner eigenen Erfahrung nicht zu entsprechen vermag, wird ohne Zweifel auch der eueren nicht entsprechen. Halte dich an Sidneys Maxime: – »Sieh in dein Herz und schreibe.« Wer für sich selbst schreibt, schreibt für ein ewiges Publikum. Nur die Darlegung ist einzig der Öffentlichkeit wert, zu der du kamst, als du deine eigene Neugierde zu befriedigen versuchtest. Der Schriftsteller, der seinen Stoff aus seinem Ohr und nicht aus seinem Herzen schöpft, sollte wissen, daß er ebensoviel verloren als scheinbar gewonnen hat. Und wenn das leere Buch all seinen Ruhm eingeheimst hat und die Hälfte des Publikums ausruft: »Welche Poesie! welches Genie!« bedarf es noch der Feuerung, um zu zünden. Einzig das gewinnt, was Gewinn bringt. Nur das Leben kann Leben entfachen; und ob wir auch bersten möchten, können wir uns doch nur unserem Wert entsprechende Wertschätzung erringen. Beim literarischen Ruhm gibt es kein »Glückhaben«. Die das endgültige Urteil über jedes Buch fällen, sind nicht die parteiischen und lärmenden Leser der ersten Stunde seines Erscheinens; sondern ein Gericht wie von Engeln, ein unbestechlicher, unerbittlicher, furchtloser Kreis von Menschen entscheidet über jedermanns Berechtigung zum Ruhm. Nur solche Bücher kommen durch, die ewiger Dauer wert sind. Goldschnitt, Velin und Saffianleder und Frei-Exemplare für alle Buchhandlungen werden ein Buch nicht über seine in ihm selbst liegende Zeit hinaus im Umlauf erhalten. Es muß mit Walpoles »Könige und Edle als Autoren« seinem Schicksal entgegensehen. Blackmore, Kotzebue oder Pollok mögen einen Abend währen, Moses und Homer aber währen ewig. Es gibt auf der Welt zu keiner Zeit mehr als ein Dutzend Menschen, die Plato lesen und verstehen: – niemals so viele, daß sie eine ganze Auflage seiner Werke zahlen könnten; dennoch steigen diese Werke regelmäßig für jede neue Generation herab, um jener wenigen Menschen willen, als wenn Gott selbst sie in ihre Hand legte. »Kein Buch«, sagt Bentley, »ward je anders als durch sich selbst zu Grunde gerichtet.« Die Dauer aller Bücher wird weder durch freundschaftliche noch feindliche Bemühungen bestimmt, sondern durch ihr eigenes spezifisches Gewicht oder durch den inneren Wert ihres Inhalts für den unwandelbaren Geist des Menschen. »Kümmert Euch nicht zu sehr um das Licht auf Eurer Statue«, sagte Michelangelo dem jungen Bildhauer; »das Licht des Marktplatzes wird ihren Wert erproben.« Gleicherweise liegt das Maß der Wirkung jeder Handlung in der Tiefe des Gefühls, der sie entsteigt. Der große Mensch wußte nicht um seine Größe; es bedurfte eines oder zweier Jahrhunderte, um diese Tatsache ans Licht zu bringen. Was er tat, tat er, weil er mußte; es war das Natürlichste von der Welt und wuchs aus den Verhältnissen des Augenblicks. Nun aber erscheint alles, was er tat, bis auf das Heben des Fingers oder das Essen des Brotes herab, gewaltig und beziehungsreich und wird zum Gesetz erhoben.

Dies sind in ein paar Einzelheiten die Offenbarungen des Genius der Natur; sie zeigen die Richtung des Stromes an. Aber der Strom ist Blut; jeder Tropfen ist lebendig. Die Wahrheit feiert keine einzelnen Siege; alle Dinge sind ihr Organ; nicht Staub und Stein allein, sondern auch Irrtum und Lüge. Die Gesetze der Krankheit sind so schön wie die Gesetze der Gesundheit, sagen die Ärzte. Unsere Philosophie ist bejahend und nimmt bereitwillig das Zeugnis verneinender Tatsachen auf, gleichwie jeder Schatten auf die Sonne weist. Durch göttliche Notwendigkeit muß jedes Faktum der Natur Zeugnis von sich ablegen. Des Menschen Charakter offenbart sich immerdar selbst. Das flüchtigste Tun und Wort, die bloße Miene bei einer Handlung, der innerliche Vorsatz drücken den Charakter aus. Wenn du handelst, zeigst du deinen Charakter; du zeigst ihn, wenn du stille sitzest und wenn du schläfst. Du glaubst, daß, weil du schwiegst, indessen andere sprachen, und weil du keine Meinung über die Zeiten, die Kirche, die Sklaverei, über die Ehe, den Sozialismus, Geheimbünde, Schulen, Parteien und Menschen abgabst, daß dein Urteil noch als zurückgehaltene Weisheit neugierig erwartet werde? Ganz und gar nicht; dein Schweigen antwortet sehr laut; du hast kein Orakel zu sprechen. Und deine Mitmenschen haben begriffen, daß du ihnen nicht helfen kannst; denn Orakel sprechen. Ruft nicht die Weisheit laut, und erhebt das Verständnis nicht seine Stimme?

Schreckliche Grenzen sind in der Natur der Macht der Verstellung gezogen. Die Wahrheit herrscht über die widerstrebenden Glieder des Körpers. Es heißt, daß Gesichter niemals lügen. Kein Mensch wird Täuschungen erleiden, der den Wechsel des Ausdrucks genau beachtet. Wenn einer die Wahrheit im Geiste der Wahrheit spricht, so leuchtet sein Auge mit der Klarheit des Himmels. Wenn er schlechte Ziele verfolgt und Lügen spricht, so erscheint das Auge trübe und manchmal schielend.

Ich hörte einen erfahrenen Rechtsgelehrten sagen, daß ihm nie um die Wirkung auf ein Schwurgericht bange sei, wenn der Advokat in seinem Herzen nicht glaubt, daß sein Klient die Begnadigung empfangen sollte. Wenn er es nicht glaubt, wird sein Unglaube den Geschworenen, trotz all seiner Beteuerungen fühlbar und wird zu dem ihren. Das ist das Gesetz, wodurch ein Kunstwerk jeglicher Art uns in den gleichen Gemütszustand versetzt, der den Künstler während des Schaffens beherrschte. Was wir nicht glauben, drücken wir nur schlecht aus, ob wir auch die Worte noch so oft wiederholen. Aus dieser Überzeugung heraus äußerte sich Swedenborg, als er einen Kreis Menschen in der Geisteswelt beschrieb, die vergeblich einen Satz aussprechen wollten, an den sie nicht glaubten. Sie vermochten es nicht, ob sie auch ihre Lippen bis zum Zorne verzerren und quälen mochten.

Der Mensch gilt das, was er wert ist. Töricht ist alle Neugierde, zu wissen, was andere Leute von uns halten, und töricht alle Furcht, unbekannt zu bleiben. Wenn einer weiß, daß er seiner Sache sicher ist – daß er sie besser als irgendein anderer verrichten kann –, dann darf er der Anerkennung dieser Tatsache von allen Leuten gewiß sein. Die Welt ist reich an Tagen des Gerichts, und in jeder Versammlung, die ein Mensch betritt, mit jeder versuchten Tat wird er gestempelt und geeicht. Von jeder Knabenschar, wie sie in allen

Höfen und auf allen Plätzen lärmen und herumlaufen, wird ein Neuling im Laufe weniger Tage ebenso genau und gründlich abgewogen und mit seiner richtigen Nummer gestempelt, als wenn er eine regelrechte Prüfung seiner Kraft, Schnelligkeit und Gemütsart bestanden hätte. Aus einer entfernten Schule kommt ein Fremder, der, besser gekleidet, mit allerlei Kram in seiner Tasche, mit Ansprüchen und wichtiger Miene auftritt; ein älterer Knabe sagt zu sich selbst: »Es nützt ihm nichts; morgen wollen wir ihn schon kennenlernen.« »Was hat er geleistet?« das ist die göttliche Frage, die in dem Menschen forscht und durch jeden falschen Ruhm hindurchdringt. Ein Geck mag sich auf irgendeinem Throne breit machen, ja sich selbst eine Stunde lang nicht von Homer und Washington unterscheiden; aber es braucht kein Zweifel über die respektive Fähigkeit menschlicher Wesen zu herrschen. Die Anmaßung mag sich breit machen, aber sie kann nicht handeln. Die Anmaßung hat nie eine Tat wahrer Größe heucheln können. Die Anmaßung hat niemals eine Iliade geschrieben noch Xerxes zurückgetrieben, noch die Welt christianisiert, noch hat sie die Sklaverei aufgehoben.

Was an Tugend da ist, wird sichtbar; was an Güte da ist, schafft sich Verehrung. Alle Teufel achten die Tugend. Die hohe, großmütige, aufopfernde Gemeinde wird stets die Menschheit belehren und beherrschen. Nie ward je ein lauteres Wort ganz in den Wind gesprochen. Niemals ging eine Großmut verloren;

irgendein Herz findet sich, sie zu begrüßen und unerwartet aufzunehmen. Der Mensch gilt das, was er wert ist. Auf seinem Antlitz, seiner Gestalt, in seinem Schicksal steht es mit leuchtenden Lettern geschrieben, was er ist. Weder Verheimlichung noch Prahlerei hilft ihm. Wir offenbaren uns durch den Blick unserer Augen, durch unser Lächeln, Grüßen, Händeschütteln. Seine Sünde beschmutzt ihn und macht alle guten Eindrücke zunichte. Die Menschen wissen nicht, warum sie ihm nicht trauen, – aber sie mißtrauen ihm. Sein Laster macht seine Augen glasig, prägt gemeine Linien in seine Wangen, drückt die Nase zusammen, setzt das Zeichen des Tieres auf den Hinterkopf und schreibt: o Narr! Narr! auf die Stirn eines Königs. Tue niemals, was du vor anderen verborgen halten möchtest. Es mag einer im Gestöber der Wüste den Narren spielen, so wird doch jedes Sandkorn ihn wie mit Augen ansehen. Er mag ein einsamer Esser sein und kann doch sein törichtes Geheimnis nicht wahren. Ein gebrochenes Aussehen, ein schweinischer Blick, schimpfliche Taten, Mangel gebührender Erkenntnis – alles plaudert aus. Konfuzius rief: »Ein verstellter Mensch! Wie kann ein Mensch sich verstellen!«
Der Held hingegen, der das Geständnis einer tapferen und gerechten Tat zurückhält, fürchtet nicht, daß sie unbeachtet und ungeschätzt vergehe. Einer – er selbst – weiß darum und fühlt sich durch sie zu süßem Frieden und zu edlen Zielen verpflichtet, welche ihren Ruhm besser verkünden, als es die Erzählung der

zufälligen Tat vermocht hätte. Tugend heißt: in seinen Handlungen an der Natur der Dinge festhalten. Und die Natur der Dinge bringt sie zur Herrschaft. Sie besteht in einem fortwährenden Ersetzen des Scheines durch das Sein, und mit erhabener Erkenntnis wird Gott als der dargestellt, der da sagt: Ich bin.

Die Lehre, die diese Betrachtung enthüllt, heißt: Sei, und scheine nicht. Laßt uns fügsam sein. Laßt uns unsere aufgeblasene Richtigkeit aus dem Pfade der göttlichen Kreise hinwegtun. Laßt uns unsere Weltklugheit vergessen. Laßt uns tief in der Kraft des Herrn ruhen und erfassen, daß die Wahrheit allein reich und groß macht. Warum entschuldigst du dich, wenn du deinen Freund besuchst, ihn nicht früher besucht zu haben, raubst ihm die Zeit dadurch und verunstaltest dein eigenes Tun? Besuche ihn jetzt. Laß ihn fühlen, daß höchste Liebe ihn aufsucht, in dir, ihrem niedrigsten Organ. Oder warum quälst du dich und gibst dich mit geheimen Selbstvorwürfen ab, weil du ihn nicht früher schon mit Begrüßungen und Gaben überschüttet hast? Sei du Gabe und Segensspruch. Leuchte mit wahrem Licht und nicht mit dem erborgten Widerschein von Gaben. Gewöhnliche Menschen sind ein Notbehelf der Menschheit; sie verbeugen sich, entschuldigen sich mit weitläufigen Gründen und häufen Schein auf, weil die Substanz fehlt.

Wir sind voll vom Aberglauben der Sinne, voll von Verehrung der Schein-Größen. Wir nennen den Dichter untätig, weil er nicht Präsident, Kaufmann oder

Portier ist. Wir bewundern eine Einrichtung und sehen nicht, daß sie auf Vorstellungen begründet ist, die in uns selbst liegen. Doch wirkliche Tätigkeit liegt in stillen Augenblicken. Die Epochen unseres Lebens bestehen nicht in den sichtbaren Handlungen unserer Berufswahl, unserer Heirat, unseres erworbenen Amtes und dergleichen, sondern in einem stummen Gedanken, wenn wir am Wegrande schreiten; in einem Gedanken, der unsere ganze Lebensweise prüfend durchgeht und sagt: »So hast du getan, doch besser wäre es, so.« Und alle unsere späteren Jahre dienen und warten, gleich Knechten, dieses Gedankens und führen seinen Willen nach ihren Kräften aus. Diese Nachprüfung oder Korrektur ist eine ständige Macht, die als Richtschnur durch unser ganzes Leben reicht. Der endliche Zweck des Menschen, das Ziel dieser Augenblicke ist, daß das Tageslicht ihn durchleuchte, daß er sich ohne Widerstand vom Rechten ganz durchdringen lasse, so daß jede Seite seines Tuns, wohin dein Blick auch falle, ein wahres Bild seines Wesens gebe; sei es nun seine Nahrung, sein Haus, seine religiösen Gebräuche, seine Gesellschaft, seine Heiterkeit, sein Urteil oder seine Gegnerschaft. Noch ist der Mensch nicht ausgeglichen, sondern ungleichartig, und der Strahl durchdringt ihn nicht; er findet keinen offenen Durchgang; und der Blick des Betrachters verwirrt sich, da er ungleiches Streben und ein noch nicht einiges Leben findet.

Warum sollen wir es uns zur Pflicht machen, aus

falscher Bescheidenheit das, was wir sind und die Wesensart, die uns bestimmt ward, herabzusetzen? Ein guter Mensch gibt sich zufrieden. Ich liebe und ehre Epaminondas, doch möchte ich nicht Epaminondas sein. Es scheint mir gerechter, meine gegenwärtige Welt zu lieben, als die seine. Noch könnt ihr, um wahr zu sein, mich nicht im geringsten durch die Worte beunruhigen: Er handelte, und du sitzest stille. Ich sehe wohl, daß Handeln gut ist, wenn es dessen bedarf, ebenso aber auch das Stillesitzen. Wenn Epaminondas der Mann war, für den ich ihn halte, würde er sich an meiner Stelle auch freudig einer friedevollen Ruhe hingegeben haben. Der Himmel ist weit und gewähret Raum für alle Arten der Liebe und Stärke. Warum sollen wir überdienstfertig und Störenfriede sein? Handeln und Untätigkeit gelten dem, der seinem Wesen treu ist, gleich. Ein Teil des Baumes wird zu einer Wetterfahne umgeschaffen, der andere zum Querbalken einer Brücke. Die Tugend des Holzes wird in beiden Teilen offenbar.

Mein Wunsch ist, die Seele in meiner Person nicht zu entwürdigen. Die Tatsache, daß ich hier bin, zeigt mir gewißlich, daß die Seele hier eines Organs bedurfte. Soll ich das Amt nicht übernehmen? Soll ich herumschleichen und ausweichen und mich mit ungeschickten Entschuldigungen und falscher Bescheidenheit ducken und mein Dasein als unberechtigt empfinden? Weniger berechtigt als das von Homer und Epaminondas? Glauben, daß die Seele ihre eigenen Bedürfnisse nicht kannte? Wenn ich aber die Grübeleien über diese Sache lasse, bin ich nicht unzufrieden. Die gute Seele nährt mich und erschließt mir alle Tage neue Vorräte an Kraft und Freuden. Ich will diese unermeßlichen Reichtümer nicht niedrigerweise ablehnen, weil mir bekannt ward, daß sie anderen in anderer Gestalt zuteil geworden sind.

Warum sollten wir uns auch durch das Wort »Tat« einschüchtern lassen? Es ist ein Streich der Sinne, nichts weiter. Wir wissen, daß ein Gedanke der Ursprung jeder Tat ist. Der arme Geist dünkt sich selbst gering, solange er kein äußeres Merkmal hat – wie die Kost eines Hindu oder den Quäkermantel oder calvinistische Gebetsversammlungen oder philantropische Vereinigungen, eine große Schenkung oder ein großes Amt oder irgendwelche in wildem Gegensatze stehende Handlung, die ihn etwas vorstellen läßt. Der reiche Geist ruht in der Sonne und schläft und ist die Natur selbst. Denken heißt handeln.

Wenn wir schon großer Taten bedürfen, so wollen wir unsere eigenen zu solchen machen. Jede Handlung ist von unendlicher Dehnbarkeit, und die geringste ist dazu angetan, sich mit himmlischer Lust so ganz zu füllen, daß sie Sonne und Mond überstrahlen könnte. Laßt uns *einen* Frieden in der Treue suchen. Laßt mich meiner Pflichten achten. Warum soll ich in den Begebenheiten und der Philosophie griechischer und italienischer Geschichte herumschwärmen, ehe ich mich vor meinen Wohltätern gerechtfertigt habe? Wie darf ich von Washingtons Feldzügen lesen, wenn ich die Briefe meiner eigenen Freunde noch nicht beantwortet habe? Ist das nicht ein gerechter Einwurf gegen einen großen Teil unserer Lektüre? Es ist ein kleinmütiges Verlassen unserer Aufgabe, wenn wir nach unseren Nachbarn starren. Es ist Neugier. Byron sagt von Jack Bunting: »Er wußte nichts zu sagen, und so fluchte er.« Desgleichen möchte ich von unserem verkehrten Gebrauch der Bücher sagen: Er wußte nichts zu tun, und deshalb las er. Es fällt mir nichts ein, womit ich mir die Zeit vertreibe, und so finde ich das Leben Brants. Es ist dies außerordentlich schmeichelhaft für Brant oder General Schuyler oder für General Washington. Doch meine Zeit sollte mir so kostbar sein als die ihre – mein Tun und der Kreis meiner Beziehungen so gut als die ihren, als jede der ihren. Laßt mich mein Werk lieber so gut vollbringen, daß andere Müßiggänger, wenn sie wollen, meine Leistung mit der Leistung jener vergleichen mögen und sie dem Besten gleich finden.

Diese Überschätzung der Fähigkeiten eines Perikles und Paulus, diese Unterschätzung unserer eigenen, rührt aus der Nichtachtung der Tatsache der einen und identischen Natur her. Bonaparte kannte nur ein Verdienst und belohnte in gleicher Weise den guten Soldaten, den guten Astronomen, den guten Dichter und den guten Schauspieler. Der Dichter benützt die Namen Cäsars, Tamerlans, Bonducas und Belifars; der Maler benützt die altgewohnte Legende der Jungfrau

Maria, Peter und Pauls. Doch beugt er sich deshalb nicht vor der Natur dieser zufälligen Menschen, dieser vorrätigen Helden. Wenn der Dichter ein wahres Drama schreibt, dann ist er Cäsar und nicht der Darsteller Cäsars; dann ist der ureigene Gedankengang – die reine Regung, der schnelle Witz, die raschen, hochstrebenden, ungewöhnlichen Triebe und das große, selbstgenügsame, furchtlose Herz, das auf den Wogen seiner Liebe und Hoffnung alles emporheben kann, was als echt und köstlich auf der Welt gilt – Paläste, Gärten, Geld, Flotten und Königreiche – das seinen unvergleichlichen Wert durch die Geringschätzung bezeichnet, die es jenem eitlen Tand der Menschen zollt – all dies ist sein und durch die Macht dieser Kräfte rüttelt er Nationen auf. Laßt den Menschen an Gott glauben und nicht an Namen, Orte und Persönlichkeiten. Laßt die große Seele, die in eines Weibes Gestalt, in irgendeiner Maria oder Elise verkörpert, arm und traurig und einsam dahinlebt, ihrem Dienste nachgehen, Zimmer kehren und Böden fegen, so kann doch ihr taghell glänzender Strahl nicht verdeckt oder verborgen bleiben; und augenblicklich wird Wischen und Fegen als hohe und schöne Handlung erscheinen, als der Gipfel und Glanz menschlichen Lebens, und alle Leute werden Putzlumpen und Besen zur Hand nehmen – bis, sehet! die große Seele sich plötzlich in eine andere Form eingeschlossen und eine andere Tat vollbracht hat, die nun wieder Blüte und Gipfelpunkt aller lebenden Natur darstellt.

Wir sind die Lichtmesser, sind das erregbare Gold- und Zinnblatt, das die Anhäufung des feinen Elementes mißt. Wir vermögen die wahren Wirkungen echten Feuers in jeder seiner zahllosen Verkleidungen zu erkennen.

NATUR

Es gibt in unserem Klima fast zu jeder Jahreszeit Tage, wo die Welt vollkommen erscheint; wo die Luft, die Himmelskörper und die Erde eine Harmonie bilden, als wenn Natur ihr Schoßkind herzen wollte; wo sich auf dieser kalten Außenseite des Planeten das Glück aller Zonen zusammendrängt und wir uns wie in den leuchtendsten Stunden Floridas und Cubas sonnen; wo alles, was Leben hat, Zufriedenheit atmet und die Herden, die auf dem Boden ruhen, von großen, ruhevollen Gedanken erfüllt scheinen. Solchen Friedenstagen kann man mit größerer Gewißheit bei jenem klaren Oktoberwetter entgegensehen, das wir als Nachsommer bezeichnen. Der unendlich lange Tag träumt über den großen Hügeln und über warmen, weiten Feldern. All seine sonnigen Stunden durchlebt zu haben, scheint wie ein Menschenalter. Die einsamen Plätze dünken uns nicht ganz einsam. Vor dem Eingang des Waldes muß der erstaunte Weltmensch seine Stadtbegriffe von groß und klein, weise und töricht notwendig fallen lassen. Das Bündel Gewohnheit gleitet von seinen Schultern, sowie er dieses Reich betritt. Hier ist die Heiligkeit, die unsere Religion beschämt, hier die Wirklichkeit, vor der unsere Helden schwinden. Hier erkennen wir die Natur als das Wesentliche, vor dem alle anderen Dinge zwerghaft erscheinen, die Natur, die wie ein Gott die Menschen richtet, welche ihr nahen. Aus unseren engen, vollen Häusern schleichen wir in die Nacht und den Morgen hinaus und sehen, welch majestätische Schönheit die Arme für uns offenhält. Wie gern möchten wir den Schranken, der Sophistik und der Reflexion entfliehen, die uns ihrer Macht entziehen, und uns dem Reize der Natur hingeben. Das Dämmerlicht der Wälder ist wie ein ewiger Morgen, erfrischend und zaubergewaltig. Und es leben die alten Waldmärchen wieder in uns auf. Die Stämme der Fichten, Tannen und Eichen schimmern dem erregten Auge wie Eisenglanz entgegen. Die stummen Bäume laden uns zum Bleiben ein und wollen, daß wir von unserem Lebensspiel mit wichtigen Kleinigkeiten lassen. Hier drängt sich weder Geschichte, noch Kirche, noch Staat zwischen den erhabenen Himmelsdom und die unsterbliche Zeit. Wie leichten Fußes könnten wir durch die weite Landschaft schreiten, von neuen Bildern hingenommen, indessen ein Gedanke rasch dem andern folgt, bis allgemach Erinnerung der Heimat aus dem Geiste schwinden, das Gedächtnis durch die Gewalt der Gegenwart erlöschen und Natur uns triumphierend leiten würde.

Diese Entzückungen sind heilsam, sie klären und kräftigen uns. Sie sind unsere reinsten, besten und natürlichsten Freuden. Hier finden wir unser Eigen und lernen wir die Materie lieben, die das ehrgeizige Geschwätz der Schulweisheit uns oft verachten lehrt. Nie können wir der Natur entbehren; der Geist liebt seine alte Heimat: was das Wasser unserem Durste, ist der Felsen und Erdboden unseren Augen, Händen und Füßen. Er ist festes Wasser; er ist kalte Flamme: Welche Wohltat, welche Verwandtschaft! Eine ewig treue Freundin ist sie uns, eine geliebte Freundin und Schwester; wenn wir geziert mit Fremden plaudern, taucht dieses ehrliche Antlitz auf und schilt ernst mit uns und treibt uns Schamroten die Possen aus. Die Städte sind für des Menschen Sinne zu eng. Am Tage und bei Nacht treten wir ins Freie, um unsere Augen am Horizont zu laben, und der weite Raum ist uns so unentbehrlich als das Wasser zu einem Bade. Hier sind alle Grade natürlicher Einflüsse, von den ruhenden Kräften der Natur bis zu ihren liebevollsten und eindringlichsten Predigten an Einbildungskraft und Seele. Hier ist der Eimer kalten Wassers aus der Quelle, das Herdfeuer, zu dem der schaudernde Wanderer sich flüchtet – und hier finden wir die erhabenen Lehren, die Herbst und Mittag erteilen. Wir bergen uns in der Natur und gewinnen unsere Lebensnotdurft als Schmarotzer aus ihren Wurzeln und ihrem Getreide; die Strahlen der Himmelskörper rufen uns in die Einsamkeit und weisen uns die fernste Zukunft. Das blaue Himmelszelt ist der Ort, wo Romantik und Wirklichkeit sich begegnen. Ich glaube, wenn wir all unseren Himmelshoffnungen bis zur Verzückung nachhingen und zu Uriel und Gabriel sprächen, so würde der Himmelsdom am Ende all unsere Habe bleiben.

Es ist, als ob der Tag nicht ganz ohne Weihe gewesen,

an dem wir irgend welchen natürlichen Gegenstand aufmerksam betrachtet haben. Das Fallen der Schneeflocken durch die stille Luft, wo jeder Kristall vollkommen blieb; der Hagelsturm über einer weiten Wasserfläche und über der Ebene; das wogende Kornfeld; das ausdrucksvolle Wehen der Houstonia, deren zahllose Blümchen weiße Wellen vor dem Auge spielen lassen; das Widerspiegeln der Bäume und Blumen im glatten See; der harmonisch brausende, duftende Südwind, der Windharfen in alle Bäume zaubert; das Knistern und Aufflackern des Tannenholzes im Feuer, oder der Fichtenscheite, welche die Wände und Gesichter des Wohnzimmers in Glut tauchen, – das sind die Bilder und Musik der ältesten Religion. Mein Haus liegt mit beschränkter Aussicht in einer Niederung am Ende des Dorfes. Aber ich eile mit meinem Freunde an das Ufer unseres Flüßchens und lasse mit einem Ruderschlage Dorfpolitik und Persönlichkeiten, ja die Welt der Dörfer und Persönlichkeiten hinter mir zurück, um in ein duftiges Reich des Sonnenunterganges und des Mondlichts einzugehen, zu herrlich fast für den befleckten Menschen, der es ungeprüft und unerprobt betritt. Körperlich erfassen wir diese unbeschreibliche Schönheit: Unsere Hände tauchen in das farbige Naß und unsere Augen baden sich in diesen Lichtern, diesen Formen. Ein Feiertag, ein Landvergnügen, ein königliches Gelage, das Tapferkeit und Schönheit, Macht und Geschmack je schufen und genossen, bereitet sich im Nu. Diese Abendwolken, die sacht auftauchenden

Sterne mit ihrem keuschen, rätselhaften Schimmer künden und bieten es uns an. Da werde ich mir der Armseligkeit unserer Erfindungskraft, der Häßlichkeit unserer Städte und Paläste bewußt. Kunst und Luxus haben früh begriffen, daß sie als Steigerung und Folge dieser einzigen Schönheit dienen müssen. Zuviel habe ich bei meiner Heimkehr schon gelernt. Von nun an werde ich schwer zu befriedigen sein. Ich kann nicht wieder zum Spielzeug greifen. Ich bin verschwenderisch und spitzfindig geworden. Ich kann nicht länger ohne Luxus dahin leben: Doch der Landmann soll mein Meister im Schwelgen sein. Er, der alles am besten weiß, der die Süßigkeiten und Schätze des Bodens, das Gewässer, die Pflanzen, die Himmel kennt und wie zu diesen Zaubern zu gelangen, er ist der reiche, der königliche Mensch. Nur wo die Herren der Welt die Natur in ihren Dienst gezwungen haben, sind sie höchster Prachtentfaltung fähig. Das ist der Sinn ihrer schwebenden Gärten, der Villen, Gartenhäuser, Inseln, Parke und Gehege, daß sie ihre schwache Persönlichkeit mit solchen starken Mitteln stützen. Es wundert mich nicht, daß die Agrarier infolge dieser gefährlichen Hilfsmittel im Staate unüberwindlich sind. Denn diese bestechen und locken; nicht Könige, noch Paläste, noch Männer und Frauen, sondern diese lichten, poetischen Sterne voll beredter, geheimer Verspechungen. Wir vernahmen des reichen Mannes Worte, wir sahen seine Villa, seinen Park, seine Weine und Geselligkeit; aber der Anreiz und das Hauptziel der Einladung ging von jenen trügerischen Sternen aus. Ihr sanftes Leuchten sagt mir, was die Menschen mit einem Versailles, oder Paphos, oder Ktesiphon verkörpern wollten. Es sind in Wahrheit die Zauberlichter des Horizonts und der Hintergrund des blauen Himmels, welche all unsere Werke der Kunst retten, die sonst nur Spielerei wären. Wenn die Reichen den Armen der Kriecherei und Unterwürfigkeit zeihen, sollten sie der Wirkung eingedenk sein, welche die Eigentümer eines Stückes Natur auf solche Menschen starker Einbildungskraft ausüben. Ach, wenn die Reichen so reich wären, als der Arme sich den Reichtum träumt! Ein Knabe hört des Nachts eine Militärbande auf dem Felde spielen, und Könige, Königinnen und eine berühmte Ritterschaft tauchen greifbar vor ihm auf. Er hört in einem Hügelland, in den Notch Mountains z. B., das Echo eines Horns ertönen, das die Berge wie Äolsharfen klingen läßt; und dieses überirdische Halali ruft ihm die dorische Mythologie, Apollo, Diana mit den göttlichen Jägern und Jägerinnen empor. Kann ein musikalischer Ton so durchsichtig, so zauberhaft schön sein? Auch der arme, junge Dichter schafft sich ein Fabelbild der Gesellschaft. Er ist loyal, er achtet die Reichen, sie sind um seiner Einbildung willen reich; wie traurig für seine Phantasie, wenn sie nicht reich wären! Daß sie hochumzäunte Lustwälder besitzen, die sie Park nennen, daß sie in größeren und schöner ausgeschmückten Räumen wohnen, als er je gesehen, daß sie zu Wagen und nur in feinster Gesellschaft an

Badeorte und in ferne Städte fahren: das ist der Grundstock, darauf er seine romantischen Zustände baut, mit welchen verglichen ihre wahren Besitztümer Hütten und Höfe sind. Die Muse selbst verrät ihren Sohn und vergrößert die Gaben des Reichtums und vornehmer Schönheit vermittelst Luftstrahlungen und Wolken und Wäldern, die die Straße säumen – eine gewisse stolze Gunst, als Genius des Adels dem Adel gegenüber, eine Art Naturaristokratie, ein Prinz luftgeborener Macht.

Die geistige Feinfühligkeit, die sich mühelos ein Eden und Tempe schafft, findet sich nicht so häufig, doch die sichtbare Landschaft ist niemals schwer erreichbar. Sie leiht uns ihren Zauber, ohne daß wir den Comersee oder die Madeira-Inseln aufsuchen. Wir übertreiben das Lob solcher Szenerien. In jeder Landschaft bietet die Vereinigung des Himmels mit der Erde das wunderbarste Schauspiel dar, das wir vom ersten Hügel so gut als von der Spitze der Alleghany betrachten können. Die Sterne neigen sich des Nachts mit der gleichen geisterhaften Pracht über die braunen, schlichten Weiden der Heimat, mit der sie über der Campagna oder Ägyptens Wüste scheinen. Die geballten Wolken und die Farbentöne der Abende und Morgen verklären Ahorn und Erlen. Der Unterschied zwischen Landschaft und Landschaft ist klein; doch groß ist der Unterschied zwischen den Betrachtern. Die Schönheit einzelner Landschaften ist nichts so Wunderbares, als der Zwang der Schönheit, dem jede Landschaft unterliegt.

Niemals überraschen wir die Natur im Hausgewande. Allüberall umkleidet sie Schönheit.
Doch es ist schwer, die Sympathie des Lesers bei diesem Thema nicht zu ermüden, das Schulmänner natura naturata oder die passive Natur nannten. Ohne Übertreibung kann man kaum direkt davon sprechen. Es ist ebenso schwer, als in gemischter Gesellschaft über das heikle Thema der Religion zu sprechen. Ein kluger Mensch wird seine Natursehnsucht nicht ohne die Entschuldigung einiger trivialer Bedürfnisse befriedigen; er geht, um eine Waldpartie zu besehen, oder die Ernte zu prüfen, oder um eine Pflanze oder einen Stein an fernem Orte zu suchen, trägt auch wohl eine Vogelflinte oder Angel. Mir scheint, daß diese Verschämtheit ihren guten Grund hat. Der Dilettantismus des Naturgefühls ist unfruchtbar und unwürdig. Der Stutzer im Felde ist nicht besser als sein Bruder vom Broadway. Die Menschen sind von Natur Jäger und voll Interesse an der Weidmannskunst. Und ich glaube, daß ein Almanach, dem Holzhauer und Indianer den Stoff lieferten, in den prächtigsten Salons zwischen den »Gartenlauben« und »Kränzen der Flora« der Buchläden seinen Platz fände. Doch für gewöhnlich, sei es aus Schwerfälligkeit vor einem so zarten Thema, oder aus anderen Gründen, verfallen die Menschen in Schönrednerei, sobald sie anfangen über die Natur zu schreiben. Frivolität ist der schlechteste Tribut, den wir dem Pan zollen, der in der Mythologie als der keuscheste der Götter figurieren sollte. Ich

möchte vor der bewundernswerten Verschlossenheit und Klugheit der Zeit nicht frivol sein; dennoch kann ich nicht auf das Recht verzichten, oft auf dies alte Thema zurückzukehren. Die Unzahl falscher Kirchen bestätigt die wahre Religion. Literatur, Poesie, Wissenschaft sind die Huldigung der Menschen vor diesem unergründeten Geheimnis, dem kein gesunder Geist gleichgültig oder ohne Neugierde gegenüberstehen kann. Wir lieben die Natur mit dem Besten in uns. Wir lieben sie als die Stadt Gottes, obwohl, oder besser, weil sie keine Bürger hat. Dem Sonnenuntergange gleicht nichts unter ihm: Er fordert Menschen. Und die Schönheit der Natur muß stets unwirklich und wie Spott erscheinen, wenn die Landschaft nicht Gestalten trägt, die ihr an Güte gleichen. Wenn es gute Menschen gäbe, würde die Natur nicht solche Entzückungen hervorrufen. So lange der König im Palast weilt, achtet niemand der Wände. Erst wenn er gegangen und das Haus sich mit Dienern und Gaffern füllt, wenden wir uns von den Menschen ab und erheben uns an den majestätischen Gestalten, welche uns aus Bildern und Architektur entgegentreten. Die Kritiker, welche die schwächliche Trennung der Naturschönheit von unserem Tagewerk beklagen, müssen bedenken, daß unsere Jagd nach dem Malerischen unzertrennlich ist von unserem Protest gegen falsche Geselligkeit. Der Mensch ist gefallen; die Natur steht aufrecht und dient als Unterscheidungsmesser, indem sie die Anwesenheit oder den Mangel göttlichen Gefühls im Menschen anzeigt. Dank unserer Trägheit und Selbstsucht müssen wir zur Natur aufblicken; doch wenn wir genesen sind, schaut die Natur auf zu uns. Wir betrachten den schäumenden Bach voller Gewissensbisse: Wenn unser Leben mit rechter Energie dahinflösse, so würden wir den Bach beschämen. Der Strom des Eifers sprüht wahres Feuer aus, nicht nur den Widerschein von Sonne und Mond. Das Studium der Natur kann so selbstsüchtig betrieben werden als der Handel. Astronomie wandelt sich den Strebern zur Astrologie, Psychologie zum Mesmerismus (mit der Absicht, verlorene Löffel wieder zu finden); und Anatomie und Physiologie werden zur Schädellehre und Handwahrsagerei verwertet.

Doch indem wir noch rechtzeitig der Warnung folgen, manche Dinge dieses Themas unberührt zu lassen, wollen wir nun der wirkenden Natur, natura naturans, der belebenden Ursache unsere Huldigung darbringen, vor der alle Formen wie gejagter Schnee dahinfliehen, sie selbst Geheimnis, deren Werke in Herden und Massen ihr in unbeschreiblicher Mannigfaltigkeit voraneilen (so wie die Alten die Natur durch Proteus, den Hirten, darstellten). Sie äußert sich durch Geschöpfe und gelangt durch Teilchen und Kanten, durch beständige Umwandlung zu höchstem Ebenmaß und erreicht Vollkommenes ohne Stoß und Sprung. Ein wenig Hitze, das heißt ein wenig Bewegung nur, unterscheidet die kahlen, blendend weißen und tödlich kalten Pole der Erde von dem fruchtbaren Klima der Tropen.

Ruhig vollzieht sich aller Wechsel, aufgrund jener beiden Hauptbedingungen endlosen Raums und endloser Zeit. Die Geologie hat uns in die riesenhaften Zeiträume der Natur eingeführt; durch ihren großen Stil lehrte sie uns unsere Schulmädchenmaße und die mosaischen und ptolemäischen Systeme aufzugeben. Aus Mangel an Perspektive waren wir uns über nichts klar. Nun erfahren wir, wie lange die geduldige Zeit an einem Felsen formen und wieder arbeiten muß, ihn zu zerstören, und daß die erste Flechtenart die dünnste äußere Schicht des Gesteins in Boden umschuf, um der fremden Flora, Fauna, Ceres und Pomona die Heimat zu bereiten. Wie weit vom Trilobiten noch entfernt, wie weit vom Vierfüßler! Wie unbegreiflich fern steht noch der Mensch! Alles vollendet sich nach Regeln; und Geschlecht um Geschlecht folgt nun der Mensch. Es ist ein langer Weg, der vom Granit zur Auster führt, ein längerer noch bis zu Plato und der Lehre von der Unsterblichkeit der Seele. Doch mußte alles kommen, so gewiß als das erste Atom zwei Seiten hat.

Bewegung oder Wechsel, und Identität oder Ruhe ist das erste und nächste Geheimnis der Natur: Bewegung und Ruhe. Der ganze Inhalt ihrer Gesetze findet auf einem Fingernagel oder dem Siegel eines Ringes Platz. Der über einem Bache aufsteigende Wirbel führt uns in das Geheimnis der Himmelsbewegungen ein. Jede Muschel am Strande gibt uns den Schlüssel dazu. Ein wenig Wasser, das in einer Tasse kreist, deutet das Werden der einfacheren Muscheln an. Der Zuwachs der Materie von Jahr zu Jahr bildet am Ende die festesten Formen; und doch ist die Natur mit all ihrer Kunst so arm, daß sie von Anfang bis zu Ende des Weltalls nur mit einem Stoffe schafft – an einem Stoffe mit zwei Enden, der ihrer traumhaften Mannigfaltigkeit genügt. Ob sie ihn auch nach Belieben zusammensetzt, als Stern, Sand, Feuer, Wasser, Baum und Mensch, so bleibt es doch immer ein Stoff und zeigt die gleichen Eigenschaften.

Die Natur ist immer beständig, auch wenn sie scheinbar ihren eigenen Gesetzen widerspricht. Sie hält ihre Gesetze und scheint sie zu überschreiten. Sie leiht einem Tiere Waffen und befähigt es, sich Platz und Nahrung auf der Erde zu suchen; doch zu gleicher Zeit bewaffnet und rüstet sie ein anderes Tier, um jenes zu vernichten. Der Raum dient zur Trennung der Kreaturen, aber indem sie die Seiten eines Vogels mit wenig Federn schmückt, schafft sie ihm eine kleine Allgegenwärtigkeit. Immer vorwärts geht ihr Weg; doch die Künstlerin greift vergangene Stoffe auf und fängt mit den ersten Elementen auf höchster Stufe an, soll nicht ihr Werk zerfallen. Wenn wir ihre Schöpfung betrachten, ist es uns stets, als ob wir ein System in seiner Umwandlung gewahr würden. Die Pflanzen sind wie die Jugend der Welt, sind Kraft- und Gesundheitsbewahrer; aber sie tasten ständig zum Bewußtsein empor; die Bäume sind unvollkommene Menschen; am Boden angewurzelt, scheinen sie über ihre Haft zu klagen. Das Tier ist Anfänger und Erprober einer höheren Ordnung. Der Mensch aber, so jung er ist, ist bereits gefallen, nachdem er kaum den ersten Tropfen vom Kelche des Gedankens genossen hat. Ahorn und Farne sind noch unverdorben; doch wenn sie zum Bewußtsein kommen, werden sie zweifellos auch fluchen und schwören. Die Blumen gehören so ganz der Jugend an, daß wir alten Menschen bald erkennen, ihr herrliches Geschlecht ist nicht für uns: Unsere Tage sind gewesen; nun mögen die Kinder sie genießen. Die Blumen necken uns, und mit unserer lächerlichen Zärtlichkeit gleichen wir alten Junggesellen.

So nahe hängen die Dinge zusammen, daß je nach dem Geschick des Auges die Teile und Eigenschaften eines Gegenstandes aus einem anderen gefolgert werden können. Wenn wir Augen, zu sehen, hätten, so würde ein Steinteilchen der Stadtmauer uns, ebenso wie die Stadt selbst, von der Notwendigkeit menschlichen Daseins überzeugen. Diese Identität macht uns alle gleich und macht unsere gewohnten Stufenleitern zunichte. Wir sprechen von Abweichungen natürlichen Lebens, als ob künstliches Leben nicht auch natürlich wäre. Der glatteste Höfling in den Boudoirs der Paläste, roh und urwüchsig wie ein Eisbär, bleibt tierischer Natur, die allmächtig im Verfolgen ihrer Ziele ist; er steht hier, zwischen Wohlgerüchen und Liebesbriefchen, in direkter Beziehung zu den Gebirgsketten des Himalaya und der Erdachse. Wenn wir bedenken, wie sehr wir der Natur angehören, sollten wir nicht so abergläubisch in bezug auf Städte sein, als wenn diese schreckliche oder heilsame Kraft uns nicht auch da fände und die Städte gestaltete. Natur, die den Maurer schuf, schuf auch das Haus. Wir überschätzen die Einflüsse des Landlebens leicht. Das kühle gleichmütige Aussehen natürlicher Gegenstände läßt sie uns begehrenswert erscheinen, hitzige und reizbare Menschen mit roten Köpfen, die wir sind; und wir glauben ihrer Größe nahezukommen, wenn wir des Nachts hinausgehen und Wurzeln essen. Doch lasset uns Menschen sein statt Murmeltiere, so werden Eiche und Ulme uns willig dienen, ob wir auch auf Elfenbeinstühlen und seidenen Teppichen ruhen.

Diese Identität fließt führend durch all die Überraschungen und Kontraste der Arten und charakterisiert jedes Gesetz. Der Mensch trägt die Welt in seinem Haupte, die ganze Astronomie und Chemie in einem Gedanken. Weil die Geschichte der Natur seinem Geiste eingeprägt, ist er der Prophet und Entdecker ihrer Geheimnisse. Jede bekannte Tatsache auf dem Gebiet der Naturwissenschaften äußerte sich zuvor als Ahnung eines Menschen, ehe sie als Wahrheit anerkannt wurde. Ein Mann bindet seine Schuhe nicht, ohne Gesetze zu erkennen, welche die fernsten Regionen der Natur binden: Mond, Pflanze, Gase, Kristall sind konkrete Geometrie und Zahlen. Der gesunde Menschenverstand weiß um sein eigenes Gesetz und erkennt dasselbe beim ersten Augenblick chemischer Versuche wieder. Der gesunde Verstand, der Franklin,

Dalton, Dawy und Black auszeichnete, ist derselbe gesunde Verstand, der die Einrichtungen traf, welche er nun enthüllt.
Wenn die Identität organisierte Ruhe ausdrückt, so strebt das Gegengewicht gleichfalls nach Organisation. Die Astronomen sagten: »Gebt uns Materie und etwas Bewegung, so werden wir das All zusammensetzen. Die Materie allein genügt uns nicht, wir bedürfen noch eines ersten Impulses, eines Stoßes, der die Masse hinausschleudert und die Harmonie der zentrifugalen und zentripetalen Kräfte schafft. Hat erst der Ball sich von der Hand gelöst, dann vermögen wir zu sagen, wie das ganze gewaltige System entstand.« »Eine törichte Forderung«, entgegneten die Metaphysiker, »und ein simples Vorwegnehmen der Antwort. Da ihr der Folge sicher seid, könnt ihr die Genesis des Stoßes nicht auch bewältigen?« Doch die Natur hatte mittlerweile nicht bis zur Diskussion gezögert, sondern recht und schlecht den Impuls gegeben, und die Kugeln rollten. Es war nichts Besonderes, nur ein Stoß, doch taten die Astronomen recht, sich darüber aufzuregen, denn die Folgen des Aktes sind unendlich. Dieser berühmte erste Stoß setzt sich durch alle Kugeln des Weltsystems fort, durch jedes Atom jeglicher Kugel, durch alle Gattungen der Geschöpfe und durch die Geschichte und Handlungen jedes Individuums. Übertreibung herrscht im Lauf der Dinge. Die Natur setzt kein Geschöpf, keinen Menschen in die Welt, ohne ihm ein kleines Übermaß seines eigenen Wesens mitzugeben.

Die den Planeten schuf, mußte notwendigerweise den Impuls hinzufügen; so gab die Natur jedem Geschöpfe die kleine Leidenschaft nach eigenem Ziele mit, einen Stoß auf seinen Weg; überall voll leichter Großmut, verschenkte sie einen Tropfen zu viel. Ohne Elektrizität würde die Luft verfaulen; und ohne jene Leidenschaft des Zieles, die Mann und Weib beherrscht, ohne ein Teil Blindgläubigkeit und Fanatismus gibt es keine Wirksamkeit. Wir schießen über das Ziel hinaus, um das Ziel zu treffen. Jede Handlung birgt eine Falschheit der Übertreibung in sich. Und wenn dann und wann ein trauriger, scharfsichtiger Mann herantritt, der sieht, wie armselig das Spiel ist, das wir spielen und mitzuspielen verweigert, sondern das Geheimnis ausplaudert – wie dann? Flog der Vogel fort? O nein, die erfinderische Natur sendet neue Scharen schönerer Formen, stolzerer Jugend, mit etwas größerer Zielesleidenschaft, auf daß sie fester noch an ihren Zwecken hängen; sie schafft ein kleines Zuviel nach jener Richtung, in der sie das Beste leisten, und wieder beginnt dasselbe Spiel mit neuem Kreisel, das eine oder mehrere Generationen währt. Das Kind mit seinen süßen Torheiten, als Narr seiner Sinne, von jedem Bild und Ton beherrscht, ohne Fähigkeit, seine Gefühle zu vergleichen und zu ordnen, von einem Pfiff oder einem bunten Hölzchen, von tanzenden Drachen und einem Zuckerstückchen hingenommen; das alles individualisierende, nichts verallgemeinernde, von allem Neuen entzückte Kind legt sich des Abends von Müdigkeit überwältigt nieder, die eines Tages endlos schöne Torheit ihm verursacht. Aber die Natur hat mit dem lockigen, grübchenwangigen Narren ihren Zweck erreicht. Sie hat jede Fähigkeit erprobt und hat das symmetrische Wachstum der Körperform durch alle diese Stellungen und Bemühungen gefördert – ein höchst bedeutungsvoller Gewinn, der keiner vollkommeneren Sorglichkeit, als der ihren, anvertraut werden kann. Dieser Schimmer, dieser Opalglanz verklärt dem Kindesauge jedes Spielzeug, um seine Treue zu wahren, und der Trug geschieht zu seinem Besten. Wir alle leben und erhalten uns durch die gleichen Künste. Was auch die Stoiker behaupten, wir essen nicht, um zu leben, sondern weil die Nahrung wohlschmeckend und der Appetit rege ist. Das Pflanzendasein begnügt sich nicht, einzelne Samen aus Blume oder Baum zu verstreuen, sondern es füllet Luft und Erde verschwenderisch mit Samen, auf daß, wenn Tausende verwehen, Tausende sich säen, daß Hunderte aufgehen, daß zehn zur Reife kommen und endlich einer das Geschlecht erhalte. Alle Dinge zeugen von der gleichen, wohlberechneten Überfülle. Die große Furchtsamkeit, die das tierische Wesen schützt, das vor der Kälte flieht, beim Anblick einer Schlange oder vor plötzlichen Geräuschen aufschrickt, behütet uns durch eine Reihe grundloser Schrecknisse am Ende auch vor einer wirklichen Gefahr. Der Liebende sucht, ohne fernere Ziele, in der Ehe persönliches Glück und Vollkommenheit, und die Natur birgt in seinem Glück ihr eigenes Ziel, die Vermehrung oder Fortpflanzung des Geschlechtes nämlich.

Diese Klugheit, mit der die Welt eingerichtet ward, findet sich auch im Geist und Charakter des Menschen wieder. Kein Mensch ist geistig vollkommen gesund; jeder hat einen Tropfen Tollheit in sich, ein leichtes Wallen des Blutes nach dem Hirn zu, welches ihn an einem Ziel festhalten läßt, das Natur ihm angewiesen. Große Fragen werden nie nach ihrem Wert geprüft, sondern die Frage wird auf Einzelfragen reduziert, bis sie dem geistigen Maß des Parteigängers angepaßt ist, und der Streit um nebensächliche Fragen ist stets am heißesten. Nicht weniger seltsam ist der übergroße Glaube jedes Menschen an die Wichtigkeit dessen, was er zu tun oder zu sagen hat. Der Dichter, der Prophet hält mehr von seiner Rede, als jeder Zuhörer, und deshalb wird sie ausgesprochen. Der starke, eigenliebige Luther erklärt mit nicht mißzuverstehender Emphase, daß »Gott selbst der weisen Männer nicht entraten kann«. Jakob Böhme und George Fox bekunden ihren Egoismus durch die Halsstarrigkeit ihrer Streitfrage, und James Naylor ließ sich einstens als Christus anbeten. Jeder Prophet identifiziert sich alsobald mit seiner Idee und betrachtet seinen Hut und seine Schuhe als geheiligt. Und wenn dies auch den klugen Köpfen mißfällt, so dient es jenen doch vor dem Volke, weil es ihren Worten Feuer, Schärfe und Popularität verleiht. Ähnliche Erfahrungen sind auch im Privatleben nicht selten. Jeder junge und heißblütige

Mensch führt ein Tagebuch, in das er nach Stunden des Gebetes und der Reue seine ganze Seele hineinlegt. Solche Seiten sind wie Duft und Feuer für ihn: er liest sie um Mitternacht und beim Morgenstern auf seinen Knien und netzt sie mit seinen Tränen; er hält sie heilig; zu kostbar für die Welt, sind sie dem Auge des besten Freundes selbst noch verschlossen. Das ist der Knabe, den die Seele empfing, deren Leben noch im Kinde kreist. Die Nabelschnur ward noch nicht abgeschnitten. Nach einiger Zeit regt sich der Wunsch, den Freund in diese geweihte Vergangenheit einzuführen, und zögernd, aber dennoch fest entschlossen, gibt er ihm das Geschriebene hin. Ob dessen Glut ihn nicht versengen wird? Der Freund aber wendet kühl die Seiten und beginnt mit leichtem Übergang über die Lektüre hinweg ein Gespräch, das den anderen Teil mit Staunen und Groll erfüllt. Doch vermag er am Geschriebenen nicht zu zweifeln. Tage und Nächte heißen Lebens, im Verkehr mit bösen und guten Geistern, haben diesem tränenbenetzten Buch ihre dunklen Zeichen aufgedrückt. Er zweifelt am Herzen oder Geiste seines Freundes. So gibt es denn keinen Freund? Er kann noch nicht fassen, daß es eine persönliche Erfahrung gibt, ohne gleichzeitige Fähigkeit, sie dichterisch zu verwerten; und vielleicht würde die Entdeckung, daß die Weisheit andere Zungen und Diener hat als wir und daß trotz unseres Schweigens die Wahrheit dennoch offenbar werde, die Flammen unseres Eifers schädlicherweise ersticken. Der Mensch äußert sich nur, solange er seine Rede nicht als einseitig und unvollkommen empfindet. Sie ist einseitig, aber während des Sprechens wird es ihm nicht bewußt. Sobald das Instinktive und Persönliche von ihm gewichen und er seine Einseitigkeit gewahrt, wird er ärgerlich verstummen. Denn niemand schreibt etwas, ohne zu glauben, daß es zur Zeit der Weltgeschichte angehöre, niemand leistet Gutes, dem nicht sein Werk von Wichtigkeit ist. Mein Werk mag gering sein, doch darf ich es nicht geringschätzen, sonst rächt es sich an mir. Gleicherweise geht durch die ganze Natur ein Geist des Spottes, der uns vorwärts jagt, ohne daß wir ans Ziel gelangen, – ein treuloser Geist. Die Wirklichkeit bleibt stets hinter dem Erträumten zurück. Wir leben in einem System der Annäherungen. Jedes Ziel öffnet den Ausblick auf ein anderes, das auch vergänglich ist; nirgends ein abgerundeter Enderfolg. Wir sind Gäste, nicht Einheimische der Natur. Hunger und Durst treiben uns zum Essen und Trinken; aber Brot und Wein, mische und bereite sie nach Belieben zu, hinterlassen Hunger und Durst, nachdem der Magen voll ist. So ist es auch mit all unseren Künsten und Leistungen. Unsere Musik, unsere Dichtkunst, ja unsere Sprache sind unvollkommene Versprechungen. Der Hunger nach Reichtum, der den Planeten zu einem Garten umwandelt, narrt den eifrigen Streber. Und was ist der Endgedanke? Einfach der, den Endzweck hohen Verstandes und der Schönheit vor dem Eindringen jeglicher Häßlichkeit und Gemeinheit zu schützen. Doch welch mühselige Methode! Welches Übermaß von Mitteln, um ein kleines Gespräch zu ermöglichen! Dieser Palast aus Ziegel und Stein, diese Dienerschaft, diese Küche, diese Ställe, Pferde und Equipagen, dieses Bankkapital und diese Hypothekenreihen; ein Handel durch alle Welt, Landhaus und Villa am Wasser, alles um ein kleines, höheres, klares und geistvolles Gespräch! Könnte es nicht ebensogut von Bettlern auf der Landstraße geführt werden? Nein, all diese Dinge entstammen erfolgreichen Bemühungen jener Bettler, die Reibung der Lebensräder zu hindern und Gelegenheit zu schaffen. Konversation, Charakter war der eingestandene Endzweck; der Reichtum half die tierischen Bedürfnisse stillen; er verbesserte rauchende Kamine, machte knarrende Türen verstummen, er versammelte Freunde in warmen, ruhigen Räumen und hielt die Kinder am Eßtisch in getrennten Zimmern fern. Gedanke, Tugend und Schönheit waren das Endziel; aber man wußte, daß gedanken- und tugendreiche Menschen zuweilen Kopfweh oder nasse Füße hatten oder daß sie die kostbare Zeit verloren, indes im Winter das Zimmer geheizt wurde. Unglücklicherweise ging die Hauptaufmerksamkeit in den Bemühungen um die notwendige Abhilfe jenes Mißbehagens auf diesen Gegenstand über, und die Abhilfe der Reizung ist schließlich zum Endzweck geworden. Das ist das Lächerliche an den Reichen; und Boston, London, Wien und die jetzige Weltregierung im allgemeinen, sind nur Städte und Regierungen der Reichen; und die

Massen sind nicht Menschen, sondern *arme Menschen*, das heißt, Menschen, welche reich sein möchten; das ist das Lächerliche *dieser* Klasse, daß sie trotz Mühe, Schweiß und Feuereifer nichts erreicht; wenn alles getan ist, war es für nichts. Sie gleichen einem, der eine gesellige Unterhaltung unterbrach, um seine Rede zu halten, und ihren Inhalt vergaß. Eine ziellose Geselligkeit, ziellose Nationen treten dem Auge überall entgegen. War der Endzweck der Natur so groß und stark, daß er solch unendliche Menschenopfer fordern konnte?

Ganz analog dem Trug des Lebens, findet, wie man erwarten konnte, eine ähnliche Wirkung von der äußeren Natur auf das Auge statt. Wälder und Gewässer üben einen gewissen verlockenden Reiz aus, ohne uns zu gleicher Zeit vollständig zu befriedigen. Diese Enttäuschung befällt uns vor jeder Landschaft. Ich habe schöne weiche Sommerwolken federgleich über mir dahinziehen sehen, die sich der Höhe und ihrer schwebenden Freiheit zu freuen schienen; und dennoch wirkten sie weniger als Zier dieses Platzes und der Stunde, sondern sie sahen aus, als erwarteten sie irgendwelche außerirdische Gartenfestlichkeit. Es ist eine seltsame Eifersucht: aber der Dichter dünkt sich seinem Gegenstande nicht nahe genug. Die Tanne, der Fluß, das Blumenbeet vor seinem Auge sind ihm nicht Natur. Die Natur ist anderswo. Dies oder jenes sind nur äußere oder ferne Reflexe und Echo vorübergezogener Herrlichkeit, die nun in Glanz und Fröhlichkeit

vielleicht über den nächsten Feldern oder, wenn du im Felde stehst, über den nahen Wäldern strahlt. Das gegenwärtige Bild soll dir jenes Gefühl der Stille geben, das einem eben verrauschten Feste folgt. Welch köstliche Ferne, welche Geheimnisse von unsagbarer Pracht und Lieblichkeit bietet der Sonnenuntergang! Aber wer kommt ihm nahe, wer kann ihn mit Händen greifen oder den Fuß darauf setzen? Immer wieder und wieder gleitet er von der runden Welt hinab. So ist es auch zwischen Mann und Weib, wie zwischen den stillen Bäumen; stets ein Hinwarten, eine Abwesenheit, niemals Gegenwart und Befriedigung. Ob vielleicht die Schönheit nie erfaßt werden kann? Ob sie im Menschen und im Landschaftsbilde gleich unzugänglich ist? Dem Liebenden, der das ersehnte Jawort errungen hat, ist der berückendste Reiz des Mädchens schon geschwunden. Als er ihr wie einem Sterne folgte, war sie sein Himmel: Doch da sie sich ihm, dem Unwürdigen, neigte, stieg sie herab.
Was sollen wir von der allgegenwärtigen Erscheinung jenes ersten Stoßimpulses und von der schmeichlerischen Täuschung so vieler wohlmeinender Kreaturen sagen? Müssen wir nicht irgendwo im Weltall ein wenig Verrat und Hohn vermuten? Sind wir nicht zu ernstlichem Groll über solche Behandlung verpflichtet? Sind wir geneckte Einfaltspinsel und Narren der Natur? Ein Blick auf das Antlitz des Himmels und der Erde zerstört jeden Frevel und besänftigt uns zu weiserem Glauben. Dem Klugen wandelt sich Natur in ein

großes Versprechen, das langsam gelöst sein will. Ihr Geheimnis bleibt unenträtselt. Ein Ödipus um den anderen erscheint: In seinem Geiste reift ihr ganzes Mysterium. Doch wehe! Die gleiche Zauberkraft hat seine Fähigkeit gebunden: seine Lippen sind stumm. Ihr Riesenkreislauf wölbt sich gleich dem Regenbogen in die Tiefe, doch keines Erzengels Schwingen vermochten je ihm zu folgen und von der Kehrseite des Bogens auszusagen. Doch es scheint auch, als ob unser Tun zu größeren Zielen bestimmt wäre, als die wir selbst uns setzen. An jeder Hand geleiten geistige Führer uns durchs Leben, und eine wohltätige Absicht harret unser. Wir können mit der Natur nicht streiten oder mit ihr handeln, wie wir es den Menschen gegenüber tun. Wenn wir unsere individuellen Kräfte mit den ihren messen, mag es uns leicht scheinen, als ob wir das Spielzeug eines eisernen Willens wären. Doch wenn wir, statt uns mit der Arbeit zu identifizieren, uns von der Seele des Meisters durchströmen lassen, dann wird der Morgenfriede in unseren Herzen wohnen, und wir werden die unergründlichen Kräfte der Schwere, der Chemie und mehr noch des Lebens in ihren höchsten Formen in uns bereits vorausexistierend finden.

Die Unsicherheit, die der Gedanke unserer Hilflosigkeit inmitten einer Kette von Ursachen in uns erzeugt, folgt aus unserer allzugroßen Beachtung einer Naturbedingung, nämlich der Bewegung. Wo immer der Impuls übermächtig wird, drängt Ruhe oder Identität sich als Ausgleich ein. Auf den weiten Feldern der ganzen Erde wächst die Brunelle oder das Heilkraut. Nach jedem törichten Tage schlafen wir den Zorn und die Tollheit seiner Stunden hinweg; und ob wir uns auch ewig ums einzelne mühen, das uns oft sklavisch fesselt, bringen wir doch zu jedem Versuch unsere eingeborenen Allgesetze mit. Diese, indem sie in unserem Geiste als Ideen wohnen, stehen für ewig in der Natur verkörpert vor uns, als Monumente der Gesundheit, um die Tollheit der Menschen bloßzustellen und zu heilen. Unser Einzeldienst verlockt uns zu hundert törichten Erwartungen. Wir knüpfen den Beginn einer neuen Ära an die Erfindung einer Lokomotive oder eines Ballons; die neue Maschine führt die alten Mängel mit sich. Es heißt, daß durch Elektromagnetismus dein Salat vom Samen zur Staude aufschießen wird, während dein Mittagshuhn zum Braten reift. Das ist ein Symbol unserer modernen Ziele und Bemühungen – unserer zusammengedrängten Hast nach Resultaten; doch ist nichts damit gewonnen; die Natur läßt sich nicht überlisten: Des Menschen Leben währt nur siebzig Ernten lang, ob sie nun langsam reifen oder schnell. In jenen Mängeln und Unmöglichkeiten jedoch finden wir, gleichwie in den Impulsen, unseren Vorteil. Stets sind wir auf der Seite des Sieges. Und das Bewußtsein, daß wir die ganze Wesensleiter beschreiten, vom Mittelpunkte bis zu den Polen der Natur, daß alle Möglichkeiten unser sind, leiht dem Tode jenen hohen Glanz, den Philosophen und die Religion allzu äußerlich und buchstäblich in die faßliche Lehre von der Unsterblichkeit der Seele umzudeuten streben. Die Wirklichkeit übertrifft das Gerücht. Hier ist kein Verfall, kein Aufhören, kein Verschwendetes. Der göttliche Kreislauf ruht und rastet nimmer. Natur ist Inkarnation eines Gedankens, der wieder zum Gedanken wird, wie aus dem Eise Wasser und Dampf. Die Welt ist materialisierter Geist, und die flüchtige Essenz entweicht ewig wieder in den Zustand freien Gedankens. Daher die Gewalt und Stärke, mit welcher Naturgegenstände organischer oder unorganischer Art unseren Geist beeinflussen. Der gefangene, kristallisierte, vegetabilische Mensch spricht zum personifizierten Menschen. Jene Kraft, die der Fülle spottet, die dem Ganzen und dem Teilchen gleiche Bahnen weist, überträgt ihr Lächeln dem Morgen und destilliert ihre Essenz in jedem Regentropfen. Jeder Augenblick belehrt und jeder Gegenstand: Denn jede Form ist mit Weisheit durchtränkt. Sie ward uns als Blut eingeflößt; sie bewegt uns als Schmerz; sie überschleicht uns als Freude; sie hüllt uns in dumpfe, trübe Tage ein, oder in Tage fröhlicher Arbeit; doch erst lange danach wird uns ihr Wesen klar.

Schönheit

Die Tendenz zur spiraligen Entwicklung, die im Pflanzenreich herrscht, hat auch unsere Unterrichtssysteme ergriffen. Unsere Bücher führen uns auf den langsamsten Wegen zu dem, was wir am meisten zu wissen begehren. Was für ein Aufhebens wir von unserer Wissenschaft machen,und wie weit entfernt, und wie nie mehr als auf Armeslänge genähert, sie von ihren Objekten bleibt! Unsere Botanik ist voll von Namen und sagt nichts von den Kräften: Dichter und Romantiker sprechen von heil- und gnadenbringenden Kräutern; aber was weiß der Botaniker von den Kräften seiner Pflanzen? Der Geologe legt die Erdschichten bloß und kann sie an seinen Fingern herzählen; aber weiß er, welche Wirkung von ihnen auf den Menschen ausgeht, der sein Haus in ihnen erbaut? wie die Rasse beeinflußt wird, die auf Granitboden wohnt? und wie die Bewohner von Alluvium und Mergelboden?
Wir würden mit ganz anderen Gefühlen dem Ornithologen lauschen, wenn er uns sagen könnte, was die geselligen Vögel sagen, wenn sie im herbstlichen Rat so eifrig redend auf den Bäumen beisammensitzen. Der Mangel an Sympathie mit den Dingen macht aus einer Abhandlung ein ödes Lexikon. Das Resultat ist immer ein toter Vogel. Der Vogel ist aber nicht in seinen Maßen und Gewichten, sondern in seiner Beziehung zur Natur; und die Haut und das Gerippe, die du

mir zeigst, ist ebensowenig ein Reiher, wie ein Häufchen Asche oder ein Gefäß mit Gasen, auf die ihr Leib reduziert wurde, Dante oder Washington ist. Der Naturforscher ist um die ganze Entfernung seiner eingebildeten Kräfte vom Wege abgekommen. Der Knabe, der die Muscheln am Strande oder die Blumen auf der Wiese sah, ohne ihre Namen zu kennen, besaß eine richtigere Vorstellung von ihnen, als der Mann im ganzen Stolze seiner Nomenklatur. Die Astrologie konnte uns interessieren, weil sie den Menschen mit ihrem System verband. Er war kein isolierter Bettler, sondern der fernste Stern fühlte ihn, und er fühlte den Stern. Wie voreilig, wie gefälscht von Händlern und Schwindlern sie auch war, so lag doch in ihr eine göttlich wahre Anschauung – das Bekenntnis des Geistes von seiner alles umfassenden Beziehung, das Bewußtsein, daß das Klima, die Jahrhunderte und die entferntesten Naturkörper wie die nächsten, nur Illustrationen zu seiner Lebensgeschichte sind. Die Alchimie, die ein Element ins andere umzuwandeln, das Leben zu verlängern, den Menschen mit Kräften zu waffnen suchte, war auf dem rechten Wege. Unserer gesamten Wissenschaft fehlt die menschliche Seite. Der Bewohner ist mehr als das Haus! Käfer, Staubgefäße und Sporen, auf die wir so viele Jahre verschwenden, sind keine endgültigen, an sich selbst wichtigen Dinge; wenn die Kräfte des Menschen sich einmal in der richtigen Weise entfalten werden, dann wird er die Natur mit sich emporziehen und das Licht in ihre tiefsten Gründe scheinen lassen. Das menschliche Herz ist für uns wichtiger als alles Mikroskopieren und größer, als die großtuenden Finger des Astronomen ermessen können.

Wir aber sind gerade so frivol und skeptisch. Die Menschen behandeln sich selbst, als ob sie billig und wertlos wären; und doch ist jeder Mensch ein Bündel von Blitzen. Alle Elemente strömen durch seinen Organismus, er ist Flut von der Flut und Feuer vom Feuer; er empfindet die Antipoden und den Pol als Tropfen seines Blutes; sie sind nur Erweiterungen seiner Persönlichkeit. Seine Pflichten bemessen sich nach der Bedeutung, die er als Instrument hat; und ein rechter und vollkommener Mensch müßte bis zum Zentrum des Sonnensystems empfunden werden. Es ist auffallend, daß unser Glaube stets so tief ist, wie unser Leben. Wir denken nicht daran, daß heldenhafte Menschen über irgendwelche bedeutsameren und furchtbareren Kräfte verfügen könnten, als das Spiel auf der Wasserfläche, das uns unterhält. Ein tiefer Mensch glaubt an Wunder, erwartet sie, glaubt an Magie, glaubt, daß der Redner imstande ist, seinen Gegner aus der Fassung zu bringen; glaubt, daß ein böses Auge schädigen, ein herzliches Segnen heilen kann; daß die Liebe das Talent erheben und alle Schwierigkeiten überwinden kann. Aus einem großen Herzen strömen endlos geheime magnetische Ströme, die große Ereignisse heranziehen. Wir aber schätzen sehr armselige und bescheidene Nützlichkeiten: einen klugen Gatten, einen guten Sohn, einen Wähler, einen Mitbürger, und verwahren uns gegen alle Romantik der Persönlichkeit; und berechnen vielleicht nur den Geldwert dieses Mannes – bewerten seinen Intellekt, seine Liebesfähigkeit, als eine Art Wechsel, der leicht in schöne Zimmer, Bilder, Musik und Wein umzusetzen ist.

Das Motiv der wissenschaftlichen Forschung war das Verlangen nach Erweiterung des Menschen auf allen Seiten in die Natur hinein; bis seine Hände einst an die Sterne reichen, seine Augen durch die Erde schauen, seine Ohren die Sprache der Tiere und Vögel und die Meinung des Windes verstehen; und kraft seiner Sympathie Himmel und Erde mit ihm Zwiesprache pflegen. Aber dies ist nicht unsere Wissenschaft. Diese Geologien, Chemien und Astronomien scheinen uns wissender zu machen, aber sie lassen uns in der Tat so, wie sie uns fanden. Die Entdeckung ist nützlich für den Entdecker; ihr Wert für andere ist fraglich. Die wissenschaftlichen Formeln sind wie die Papiere im Taschenbuch, für niemand von Wert, als für den Eigentümer. Was man in England, in Amerika Wissenschaft nennt, das beschränkt sich eifersüchtig auf die Theorie, haßt die Worte »Liebe« und »sittlicher Zweck«. Aber diese Inhumanität rächt sich. Was für Menschen schafft die Wissenschaft? Der Knabe wird von ihnen nicht angezogen. Er sagt, er wünsche keineswegs solch ein Mensch zu werden, wie sein Professor ist. Der Sammler hat alle Pflanzen getrocknet in seinem Herbarium, aber er hat sein Gesicht und seinen Humor dabei eingebüßt. Er hat alle Schlangen und Eidechsen in seinen Gläsern, aber die Wissenschaft hat ihn gleichfalls erledigt und den Mann in eine Flasche gesteckt. Unser Vertrauen auf den Arzt ist eine Art Verzweiflung an uns selber. Die Geistlichkeit leidet an Bronchitis; das scheint mir kein Zeichen geistiger Gesundheit zu sein. Macready meinte, es käme vom Falsetto, in das sie ihre Stimme beständig preßten. Ein indischer Prinz, Tisso, sah eines Tages bei einem Ritt durch den Wald eine Herde Esel spielen. »Seht doch«, sagte er, »wie glücklich diese äsenden Esel sind. Warum sollten Priester, die bequem in Tempeln wohnen und reichlich essen, nicht gleichfalls fröhlich sein?« Als er nach Hause kam, sprach er diese Gedanken auch dem König gegenüber aus. Am nächsten Tage übergab der König ihm die Herrschaft und sprach: »Prinz, verwalte das Reich durch sieben Tage; wenn diese Zeit verstrichen ist, werde ich dich töten lassen.« Am Ende des siebenten Tages fragte der König: »Warum bist du nur so abgemagert?« Er antwortete: »Aus Schauder vor dem Tod!« Der Monarch erwiderte: »Lebe, mein Kind, und sei weise! Du hast aufgehört, an Erholung zu denken, da du dir selbst sagtest: in sieben Tagen werde ich getötet! Diese Priester im Tempel denken unaufhörlich an den Tod: wie könnten sie sich gesunde Zertreuungen gönnen?« Aber die Männer der Wissenschaft, die Doktoren und Geistlichen, sind nicht mehr Opfer ihrer Berufe, als andere. Der Müller, der Advokat und der Kaufmann erschöpfen sich an Kleinigkeiten und wer-

den nicht kräftigere Menschen dadurch. Haben sie die Gabe der Divination, haben sie große Ziele, gastfreundliche Seelen, sind sie jedem Ereignis gewachsen, wie wir's von einem Manne verlangen? Oder besteht nicht ihr Leben aus Reaktionserscheinungen auf die Mühle, die Waren und die Schikane?
Kein Gegenstand hat ein wirkliches Interesse für uns außer dem Menschen, und am Menschen auch nur seine hohen Eigenschaften; und obgleich wir eine vollkommene Gesetzmäßigkeit in der Natur wahrnehmen, fasziniert sie uns nur durch ihre Beziehungen zum Menschen oder soweit sie in seinem Geiste wurzelt. Mit der Geburt Winckelmanns vor mehr als hundert Jahren erhob sich neben dieser klassifizierten, posthumen Wissenschaft ein Enthusiasmus fürs Schöne; und vielleicht können einige Funken davon noch einen Brand in jener entzünden. Menschenkenntnis und das Verständnis für gute Manieren, die Macht der Form und unsere Empfänglichkeit für persönliche Einflüsse kommen nie aus der Mode. Das sind Tatsachen einer Wissenschaft, die wir ohne Bücher studieren, deren Lehren und Themen immer um uns sind.
So eingewurzelt sind unsere britischen Gewohnheiten, daß ein guter Teil unserer Bekenntnisse auf diesem Gebiet ins Kapitel der Pathologie gehört. Die Leute, die unsere Straßen füllen, bieten uns freilich mehr Beispiele der Erniedrigung, als Engel oder Erlöser: aber alle beweisen sie die Transparenz. Jeder Geist schafft sich sein Haus, und wir können recht wohl aus dem

Haus auf den Bewohner schließen. Aber die Natur gönnt uns auch jedes Zeichen von Anmut und Güte. Die entzückenden Kindergesichter, die Schönheit der Schulmädchen, »der liebliche Ernst der Sechzehnjährigen«, das stolze Ansehen wohlgeborener und wohlerzogener Knaben, die leidenschaftlichen Geschichten, von denen die Blicke und das Benehmen der Jugend und des frühen Mannesalters erzählen, und die wechselreiche Macht all der wohlbekannten Gesellschaft, die uns durchs Leben begleitet – wir wissen, wie sehr all diese Gestalten uns ergreifen, lähmen, reizen, begeistern und erheben können.

Schönheit ist die Form, in der der Geist die Welt am liebsten erkennt. Es gibt nur ein Vorrecht: das der Schönheit; aber es gibt viele Schönheiten; wie die der Natur, die des menschlichen Antlitzes und der Gestalt, des Benehmens, des Geistes oder der Methode, sittliche Schönheit oder Schönheit der Seele.

Die Alten glaubten, daß ein Genius oder Dämon von jedem Sterblichen bei seiner Geburt Besitz ergriffe, der ihn hinfort durchs Leben führte; sie glaubten, daß diese Genien manchmal wie eine leichte Feuerflamme sichtbar würden, die in die Leiber derjenigen, die sie regierten, eindrang: – die bei bösen auf dem Haupte stand, bei guten Menschen ihre ganze Substanz durchdrang. Sie glaubten, daß derselbe Genius beim Tode eines Schützlings sogleich in ein neugeborenes Kind eintrat, und sie meinten, am Lauf des Schiffes den Steuermann erkennen zu können. Wir nehmen dunkel das gleiche Phänomen wahr, obgleich wir ihm natürlich unsere eigenen Namen geben. Wir sagen, daß jeder Mensch das Recht hat, nach seinen besten Augenblicken beurteilt zu werden. Unsere Freunde beurteilen wir so. Wir wissen, daß sie Zwischenzeiten der Narrheit haben, aber wir kümmern uns nicht darum, sondern warten auf die Augenblicke, in denen ihr Genius sich wieder zeigt, Augenblicke, die sicher und schön sind. Andererseits kennt jedermann Leute, die besessen scheinen und die bei den größten Begabungen und Fähigkeiten uns nie den Eindruck freier Geschöpfe machen. Sie wissen es selbst sehr wohl und spähen ängstlich, ob man die traurige Plage, die auf ihnen lastet, entdeckt. Wir möchten denken, daß, wenn wir nur das erlösende Wort aussprechen und sie entzaubern könnten, die Wolke sich von ihnen heben, der dämonische Reiter entdeckt und aus dem Sattel geworfen werden und sie ihre Freiheit wieder erlangen müßten. Das Mittel scheint nie fern zu sein, denn der erste Schritt ins Reich des Denkens vermag diese Bergeslast der Notwendigkeit zu heben. Das Denken ist der zusammengepreßte Luftballon, der den Planeten zu spalten vermag, und die Schönheit, die gewisse Gegenstände für ihn haben, ist das freundliche Feuer, das das Denken weitet und dem Gefangenen verrät, daß Freiheit und Macht ihn erwarten.

Die Frage der Schönheit führt uns von der Oberfläche fort zur Betrachtung der Fundamente der Dinge. Goethe sagte: »Das Schöne ist eine Offenbarung geheimer Gesetze der Natur, die ohne diese Erscheinung uns für immer verborgen geblieben wären.« Das Wirken dieses tiefen Triebes ruft auch all die Aufregung über die Werke der Kunst hervor, – viel davon oberflächlich und absurd genug – die ganze Armeen platter Reisender alljährlich nach Italien, Griechenland und Ägypten führt. Jeder Mensch schätzt jede neue Errungenschaft in der Erkenntnis des Schönen höher als alles, was er besitzt. Der nützlichste Mensch in der nützlichsten Welt würde ewig unbefriedigt bleiben, wenn immer nur für seine Bequemlichkeit gesorgt würde. Aber sobald er auch Schönheit schaut, gewinnt das Leben in seinen Augen einen sehr hohen Wert.

Das schlimme Schicksal vieler Philosophen ist eine Warnung für mich, nicht gleichfalls eine Definition der Schönheit zu versuchen. Ich will lieber einige ihrer Attribute aufzählen. Wir nennen das schön, was einfach ist, was keine überflüssigen Teile hat, was genau seinem Zwecke entspricht, was zu allen Dingen in Beziehungen steht, was das Mittel vieler Extreme ist. Schönheit ist die dauerndste aller Eigenschaften und die, die am höchsten emporführt. Wir sagen, die Liebe sei blind, und Cupido wird mit einer Binde um die Augen gezeichnet. Blind: – ja, weil er nicht sieht, was er nicht sehen will; aber Liebe ist auch der scharfsichtigste Jäger im Weltall, wenn es sich darum handelt, das zu finden, was sie sucht, und nur das; und die Mythologen erklären uns, daß Bulcan lahm dargestellt wurde und Cupido blind, um die Aufmerksamkeit auf

die Tatsache zu lenken, daß der eine ganz Muskeln und der andere ganz Auge war. In der wahren Mythologie ist die Liebe ein unsterbliches Kind, und die Schönheit ist seine Führerin: und wir können nichts aussprechen, was einen tieferen Sinn hätte, als wenn wir sagen: Schönheit ist der Steuermann der jugendlichen Seele.
Abgesehen von dem Entzücken der Sinne, gewinnen die Formen und Farben der Natur einen neuen Reiz für uns durch die Erkenntnis, daß keine Zier um der Zier willen da ist, sondern jede ein Zeichen besserer Gesundheit oder vollkommenerer Leistungsfähigkeit. Die Eleganz der Gestalt eines Vogels oder eines Tieres beweist ebenso wie die der menschlichen Gestalt irgendeine Vorzüglichkeit im Bau: das heißt, die Schönheit ist nur der einladende Ausdruck der Dinge, die uns zugehören. Es ist ein Gesetz der Botanik, daß bei den Pflanzen in gleichen Formen gleiche Kräfte hausen. Eine Regel, die die weiteste Anwendung findet, die ebensosehr für eine Pflanze gilt, wie für einen Laib Brot, lehrt, daß im Bau jedes Organismus und jedes Fabrikats jede wirkliche Erhöhung der Tauglichkeit für seinen Zweck auch eine Erhöhung der Schönheit bedeutet.
Die Lehre, die das Studium der griechischen und der gothischen Kunst, der antiken wie der praeraphaelitischen Malerei uns gelehrt, war alle Forschung wert: es war die Lehre, daß alle Schönheit organisch sein muß, daß jede äußerliche Verschönerung Entstellung ist. Die Gesundheit der Knochen ist es, die sich zuletzt in einer

pfirsichblütnen Hautfarbe kundgibt: die Kraft der Konstitution, die das Funkeln und die Gewalt des Auges bewirkt. Das richtige Maß in der Größe der Knochen und in der Verbindung der Gelenke des Skeletts ist es, was die Anmut der Konturen und die noch feinere Anmut der Bewegungen hervorruft. Die Katze und der Hirsch können sich nicht unelegant bewegen oder häßlich sitzen. Kein Tanzmeister kann einen schlechtgebauten Menschen gut gehen lehren. Die Farbennuancen der Blume haben bereits in der Wurzel ihren Ursprung, und der Perlglanz der Muschel beginnt mit ihrer Existenz. Darum verwirft unser architektonischer Geschmack den Anstrich und alles Scheinwerk und zeigt die natürliche Farbe des Holzes; darum verbietet er alle Säulen und Pfeiler, die nichts zu tragen haben, und gestattet den wirklichen Trägern des Hauses, ihre Anwesenheit ehrlich zu zeigen. Jedes notwenige oder organische Tun gefällt. Ein Mann, der ein Pferd zur Tränke führt, ein Bauer, der Saat ausstreut, die Arbeit der Heuer im Feld, der Zimmermeister, der ein Schiff baut, der Schmied an der Esse, und so jede zweckdienliche Arbeit sieht für ein verständiges Auge anmutig aus. Aber sobald es getan wird, um gesehen zu werden, wird es gemein. Wie schön sind Schiffe, auf der See! aber Schiffe im Theater oder Schiffe, wie sie Georg IV. für den malerischen Effekt auf dem Virginia-Wasser hielt, und Leute, die für einen Pfennig in der Stunde gemietet werden, um in passenden Kostümen dazustehen! – Welch ein Unterschied zwischen einem

Bataillon Soldaten, das ins Feld zieht und einer unserer »unabhängigen Kompanien« an einem Feiertag! Inmitten eines militärischen Schauspiels und während ein Feldzug mit fröhlichen Fahnen dahinzog, sah ich einen Knaben eine alte Zinnpfanne aufheben, die verrostet unter einer Mauer lag; er steckte sie auf die Spitze eines Stockes und drehte sie und ließ sie die denkbar elegantesten Kurven beschreiben, und zog durch die erstaunliche Schönheit ihrer Kreise die Aufmerksamkeit von dem geschmückten Festzug ab.
Ein anderer Text, der der Mythologie entnommen ist: Die Griechen fabelten, daß Venus aus dem Schaum des Meeres geboren sei. Nichts kann uns interessieren, was starr und begrenzt ist, sondern nur das, was lebendig strömt und im Begriff ist oder wenigstens bestrebt ist, etwas noch Höheres zu werden. Der Genuß, den ein Palast oder ein Tempel dem Auge gewährt, liegt darin, daß Ordnung und Methode in die Steine gebracht worden sind, die sich gleichsam selbst geometrisch zu gruppieren scheinen. Der Künstler hat ihnen einen Ausdruck verliehen, und sie sprechen, sind erhaben oder milde geworden. Schönheit liegt im Augenblick des Überganges; die Form muß eben im Begriff scheinen, in andere Formen überzufließen. Jede Starrheit, jede Anhäufung, jede Konzentration auf einen Zug – eine lange Nase, ein scharfes Kinn, ein Buckel – widerspricht dem Gesetz des Strömens und entstellt. Wie schön auch die Symmetrie einer Form sein mag, – wenn die Form beweglich ist, verlangt sie

eine noch vollkommenere Symmetrie. Die Unterbrechung des Gleichgewichts reizt das Auge, die Wiederherstellung der Symmetrie zu verlangen, und die Schritte zu beobachten, durch die diese Wiederherstellung erreicht wird. Das macht den Reiz des fließenden Wassers, der Meereswoge, des Vogelfluges und der Bewegung der Tiere aus. Auf dem gleichen Prinzip beruht der Tanz, der in einem beständigen und doch wechselnden Wiedererlangen des verlorenen Gleichgewichtes, nicht durch plötzliche und eilige, sondern durch allmähliche und gerundete Bewegungen besteht. Leute, die auf dem Gebiete des Geschmackes große Erfahrung besaßen, sagten mir, daß die Mode einem Gesetz gradueller Entwicklung folgt und niemals willkürlich ist. Die neue Mode bedeutet immer einen Schritt weiter in der gleichen Richtung wie die frühere: und ein gebildetes Auge erwartet die neue Mode und kann sie voraussagen. Diese Erscheinung bedeutet uns den Grund aller Fehler und alles Verletzenden in unserer eigenen Handlungsweise an. In der Musik muß man, wenn man einen Discord angeschlagen hat, das Ohr durch ein oder zwei Zwischentöne zum Accord zurückleiten: und manch ein vernünftiger Schritt, der Erfolg gehabt hätte, schlug fehl, weil er mit beleidigender Plötzlichkeit unternommen wurde. Ich bin überzeugt, daß die Pariser Modistin, die die Welt von ihrem gebietenden Boudoir aus kleidet, die Augen der Menschen auch mit dem Anblick der Bloomers versöhnen und durch allmähliche und richtige Übergänge selbst über die Opposition der Witzblätter triumphieren wird. Ich brauche nicht zu sagen, wie weit das Gebiet ist, auf dem dieses Gesetz herrscht, und wieviel man von seiner Wirkung erwarten kann. Alles, was fortschrittliche Parteien allzu schroff verlangen, wird ihnen leicht und ohne Frage gewährt, sobald sie diese Regel beobachten. So können wir uns leicht eine Zeit vorstellen, in der Frauen sprechen, stimmen, Rechtsfälle erörtern, Gesetze geben und kutschieren werden, und all dies in der natürlichsten Weise der Welt, wenn es nur allmählich kommt. Dieses Gefallen am Strömen und Fließen bedingt die Schönheit, die jeder kreisförmigen Bewegung eigen ist, so dem Kreislauf der Wasser und des Blutes, den periodischen Bewegungen der Planeten, der jährlich wiederkehrenden Flut der Vegetation, der Aktion und Reaktion in der Natur: und wenn wir dem Gedanken bis ans Ende folgen, so ist dieses Verlangen unseres Geistes nach ewigem Fortschreiten eine Gewähr der Unsterblichkeit.

Noch eine Stelle, die von den Mythologen geholt ist, und den gleichen Sinn hat: – Die Schönheit reitet auf einem Löwen. Schönheit beruht auf Notwendigkeiten. Die Linie der Schönheit ist das Resultat vollkommener Ökonomie. Die Zelle der Biene ist unter dem Winkel gebaut, der bei der geringsten Menge Wachs die größte Festigkeit gibt; der Knochen und der Kiel des Vogels gibt die größte Flugkraft bei dem geringsten Gewicht. »Sie ist eine Reinigung von allem Überflüssigen«, sagte Michelangelo. In jedem Bau der Natur findet sich kein

Teilchen, das entbehrt werden könnte. Für jede neue Farbe oder Form ist ein zwingender Grund in den Bedürfnissen der Pflanze zu finden; und je geschickter bei einem menschlichen Kunstwerk die Anordnung ist, desto mehr Material wird erspart – und seine Schönheit erreicht es dadurch, daß jede überflüssige Unze, die bei einer Mauer entbehrt werden kann, auch wegbleibt und all ihre Kraft in die Poesie der Säulen konzentriert wird. Auch in der Rethorik ist diese Kunst der Auslassung ein Hauptgeheimnis der Wirkung, und überhaupt ist es ein Zeichen hoher Kultur, die größten Dinge in der einfachsten Weise zu sagen.

Wahrhaftigkeit vor allem und für immer. Rien de beau que le vrai. Die Kunst liegt bei jedem Werke darin, daß man den Gegenstand bedeutend erscheinen läßt. Aber dem geht noch die Kunst voraus, Gegenstände zu wählen, die bedeutend sind. Die Künste sind nichts Zufälliges, sondern entspringen den tiefsten Instinkten der Nationen, die sie schufen.

Schönheit ist die Eigenschaft, die Dauer gibt. In einem Hause, das ich kenne, sah ich ein Stück Spermacet auf Kästen und Gesimsen herumliegen, nun bereits seit zwanzig Jahren, und nur deshalb, weil der Talghändler ihm die Form eines Kaninchens gab. Und so wird es vielleicht noch hundert Jahre unverändert herumgeschoben werden. Ein Künstler braucht nur ein paar Linien oder Gestalten auf die Rückseite eines Briefes zu kritzeln, und das Papierschnitzel wird sogleich vor Gefahr geschützt, in eine Mappe gelegt, unter Glas und Rahmen gesetzt und, je nach der Schönheit der darauf gezogenen Linien, durch Jahrhunderte aufbewahrt werden. Burns schreibt ein paar Verse und schickt sie an seine Zeitung, und das Menschengeschlecht trägt Sorge dafür, daß sie nicht verlorengehen. Die Flöte wird weiter gehört als ein Karren, und ebenso sicher ergreift eine schöne Form die Phantasie der Menschen und wird ohne Ende kopiert und reproduziert. Wieviel Kopien gibt es vom Apollo von Belvedere, der Venus, der Psyche, der Warwick-Vase, dem Parthenon und dem Tempel der Vesta? Die zärtliche Liebe aller wacht über sie. In unsern Städten wird ein häßliches Gebäude bald entfernt und nie wiederholt, aber jedes schöne Gebäude wird kopiert und verbessert, so daß alle Maurer und Zimmerleute daran arbeiten, die angenehmen Formen zu wiederholen und zu erhalten, während die häßlichen aussterben.

Alle glücklichen Erfindungen in der Kunst oder in den Werken der Natur sind nur Schatten und Vorläufer jener Schönheit, die ihre Vollendung in der menschlichen Gestalt erreicht. Alle Menschen lieben sie. Wo immer sie erscheint, ruft sie Freude und Frohsinn wach; ihr ist alles gestattet. Im Weibe erreicht sie ihren Höhepunkt. Die Mohammedaner sagen: »Gott gab Eva zwei Drittel aller Schönheit.« Ein schönes Weib ist ein Dichter des Lebens, sie zähmt ihren wilden Gefährten und flößt allen, die in ihre Nähe kommen, Zärtlichkeit, Hoffnung und Beredsamkeit ein. Eine gewisse Gunst der äußeren Lage ist dazu nötig, weil eine gewisse

Heiterkeit für höchste Schönheit wesentlich ist, aber wir lieben ihre Superiorität und selbst die Zurückweisung, die wir von ihr erfahren. Die Natur bestimmte das Weib dazu, den Mann an sich zu ziehen. Aber oft legt sie listigerweise ein wenig Sarkasmus in den Ausdruck ihres Gesichts, der zu sagen scheint: »Ja, ich bin willens, anzuziehen, aber eine etwas bessere Art von Männern, als irgendeinen, den ich bisher gesehen.« Französische Memoiren aus dem fünfzehnten Jahrhundert feiern den Namen der Pauline de Viguiere, einer tugendhaften und wohlerzogenen Jungfrau, die durch ihre bezaubernde Gestalt einen so feurigen Enthusiasmus bei ihren Zeitgenossen erregte, daß die Bürger ihrer Heimatstadt Toulouse die Hilfe der Behörden in Anspruch nahmen, um sie zu zwingen, wenigstens zweimal wöchentlich auf dem Balkon ihres Hauses zu erscheinen; und so oft sie sich zeigte, war das Gedränge lebensgefährlich. Nicht geringer war in England im letzten Jahrhundert der Ruhm der beiden Gunnings, von denen Elisabeth den Herzog von Hamilton heiratete und Marie den Grafen von Coventry. Walpole sagt: »Als die Herzogin von Hamilton am Freitag bei Hofe vorgestellt wurde, war das Gedränge so groß, daß selbst die adelige Menge im königlichen Empfangssaal auf Sessel und Tische stieg, um sie in ihren Wagen steigen zu sehen, und die Leute gehen am frühen Morgen, sich Plätze im Theater zu sichern, wenn man weiß, daß sie hinkommen wird.« »Solche Mengen,« sagt er an einer andern Stelle, »strömen zusammen, um die Herzogin von Hamilton zu sehen, daß siebenhundert Menschen in einem Wirtshaus in Yorkshire und in der Nähe dieses Hauses die ganze Nacht aufsaßen, nur um sie am nächsten Morgen in ihren Postwagen steigen zu sehen.

Aber wozu bedürfen wir des Ruhms der Argiverin Helena, der Corinna, der Pauline von Toulouse, der Herzogin von Hamilton zum Beweis und Trost? Wir alle kennen diese Zauberkraft wohl oder können sie zum mindesten erraten. Es tut schwachen Augen nicht weh, noch so lange Zeit in schöne Augen zu schauen. Die Frauen scheinen im Zusammenhang mit der schönen Natur zu stehen, die uns umgibt, und dem Verliebten wird ihre Gestalt eins mit Mond und Sternen, mit Wäldern und Wassern und der Pracht des Sommers. Ihre Worte und Blicke heilen uns von aller Schwerfälligkeit. Wir können ihren geistigen Einfluß auf den ernstesten Gelehrten beobachten. Sie machen seinen Geist feiner und klarer, lehren ihn, für trockene und schwierige Themen eine gefällige Methode zu finden. Wir sprechen mit ihnen und wünschen, daß sie auf uns hören; wir fürchten, sie zu ermüden, und gewinnen eine Leichtigkeit des Ausdrucks, die aus dem Gesprächston in unsern Stil übergeht.

Daß Schönheit der normale Zustand der Dinge ist, wird durch das unaufhörliche Bestreben der Natur, sich schön zu gestalten, bewiesen. Mirabeau hatte ein häßliches Gesicht, das ursprünglich schön war; und wir sehen täglich Gesichter, die einen guten Typus verraten, aber gleichsam beim Guß ruiniert worden sind: ein Beweis, daß wir alle ein Recht auf Schönheit haben, und schön geworden wären, wenn unsere Vorfahren die Gesetze der Natur nicht verletzt hätten – sonst hätten wir schön werden müssen, wie jede Rose oder Lilie schön ist. Aber unsere Leiber passen uns nicht, machen eine Karikatur und Satire aus uns. Kurze Beine, die uns zu kurzen, trippelnden Schritten zwingen, sind geradezu ein persönlicher Schimpf, eine Schmähung für ihren Besitzer; allzulange Stelzen wiederum setzten ihn beständig in Nachteil und zwingen ihn, sich zu bücken, damit er das Niveau der anderen erreiche. Martial verspottete einen vornehmen Herrn seiner Zeit, dessen Gesicht dem eines Schwimmers unter Wasser glich. Saadi beschreibt einen Schullehrer als »so häßlich und verschrumpft, daß sein Anblick die Ekstasen der Rechtgläubigen stören müßte«. – Gesichter sind selten treulich nach einem idealen Typus geformt, sondern sind ein plastischer Bericht, von tausend Grillen und Narrheiten. Porträtmaler sagen, daß die meisten Gesichter und Gestalten unregelmäßig und unsymmetrisch sind; daß sie ein blaues und ein graues Auge haben, daß die Nase nie gerade, eine Schulter höher als die andere, das Haar ungleichmäßig verteilt sei. Der Mensch ist im Physischen wie im Methaphysischen aus vielerlei Zeug zusammengeflickt, ungleichmäßig von guten und schlechten Vorfahren geborgt, und verfehlt von Anbeginn.

Ein schöner Mensch, glaubten die Griechen, verrate hierdurch irgendeine geheime Gunst der unsterblichen Götter: und wir können dem Weibe Stolz verzeihen, das solch eine Gestalt besitzt, daß sie, wo immer sie steht oder geht oder ihren Schatten auf die Wand wirft oder dem Künstler für ein Bild sitzt, der Welt eine Gunst zu erweisen scheint. Und doch – es ist nicht Schönheit, die die tiefste Leidenschaft entzündet. Schönheit ohne Anmut ist ein Haken ohne Köder. Ausdruckslose Schönheit ermüdet. Der Abbé Ménage sagte vom Präsidenten Le Bailleul, »er sei zu nichts gut, als für sein Porträt zu sitzen«. Ein griechisches Epigramm sagt, daß die Macht der Liebe sich nicht dort zeige, wo um Schönheit geworben wird, sondern dann, wenn das gleiche Verlangen von einem minder begnadeten Wesen entzündet wird. Und heftige alte Herren, die vielleicht einmal irgend eines hübschen Geschöpfes bis zur Unerträglichkeit müde geworden sind oder Blumen in verschwenderischer Fülle gepflückt sahen oder erkannt haben, daß, wenn auch eine Welt von Mühe erfolgreich aufs Kostüm verwendet worden, der kleinste Fehler in der Empfindung alle Schönheit aus den Kleidern nimmt – diese versichern, daß nicht das Unregelmäßige, sondern das Uninteressante häßlich sei.

Wir lieben jede Form – wie häßlich sie auch sein mag, wenn große Eigenschaften durch sie hindurchleuchten. Wenn ein imponierendes Wesen, Beredsamkeit, Kunst oder Schöpferkraft im mißgestaltetsten Menschen liegen, dann gefallen alle die Zufälligkeiten, die sonst mißfallen, und erhöhen die Schätzung und das Erstaunen. Der große Redner war ein abgemagerter Mensch von unbedeutendem Aussehen, aber er war ganz Hirn. Der Kardinal de Retz sagte von de Bouillon: »Sein Gesicht glich dem eines Ochsen, aber er hatte den Scharfblick des Adlers.« Von Hooke, dem Freunde Newtons, wurde gesagt: »Er verspricht am wenigsten und ist am meisten in ganz England.« »Da ich so häßlich bin«, sagte Du Guesclin, »muß ich wohl tapfer sein.« Sir Philip Sidney, der Liebling des Menschengeschlechts, war, wie Ben Jonson berichtet, »kein hübscher Mann von Ansehen, denn sein Gesicht war durch Finnen verunstaltet, stark gerötet und lang«. Diejenigen, die die Geschicke der Menschen, Planeten gleich, für Jahrtausende beeinflußt haben, waren keine schönen Menschen. Wenn ein Mensch eine kleine Stadt zu einem großen Reich machen, Brot billig machen, die Wüsten bewässern, Ozeane durch Kanäle verbinden, den Dampf unterwerfen, den Sieg organisieren, die Meinungen der Menschen führen, ihr Wissen erweitern kann, dann kommt es nicht darauf an, ob seine Nase seinem Rückgrat parallel läuft, wie sie eigentlich sollte, und ob er überhaupt eine Nase hat, ob seine Beine gerade oder amputiert sind: seine Fehler werden für Zierden und Vorzüge erklärt werden. Das ist der Triumph des Ausdrucks, der die Schönheit entwertet, und uns mit einer so feinen, so liebevollen, so berauschenden Macht bezaubert, daß sie vielbewunderte Menschen abgeschmackt erscheinen läßt und den Gedanken, mit ihnen leben zu müssen, unerträglich macht. Es gibt Gesichter, die durch ihren wechselnden Ausdruck so beweglich und flüssig erscheinen, so gekräuselt und beständig erregt durch das Spiel der Gedanken, daß wir gar nicht herausfinden können, wie ihre Züge eigentlich sind. Wenn eine entzückende Schönheit der Linien ihre Macht verliert, so geschieht das, weil eine noch entzückendere Schönheit auf den Plan getreten ist, weil eine innere und dauerndere Form sich enthüllt hat. Und doch reitet die Schönheit auf ihrem Löwen nach wie vor. Und doch »ward die Welt für die Schönheit geschaffen«. Die Biographien der italienischen Künstler, die mitten unter den Königen und Herzögen und Pöbelherrschaften ihrer stürmischen Epoche ein despotisches Reich des Genius errichteten, beweisen, wie loyal die Menschen sich alle Zeit vor einem feiner organisierten Hirn und einer feineren Methode, als sie selbst besitzen, beugen. Wenn ein Mensch in seinen steinernen Torpfeiler solch einen Kopf schneiden kann, daß den ganzen Tag die Menge heranströmt und stehen bleibt, um solche Schönheit, Vornehmheit und unergründlichen Sinn zu betrachten, – wenn ein Mann eine einfache Hütte in so harmonischen Formen bauen kann, daß alle Paläste daneben billig und ordinär erscheinen; wenn er die Natur so bewältigen kann, daß alle Kräfte ihm dienen müssen; wenn er die Geometrie anstatt des Geldes anwendet, einen Berg für seinen Springbrunnen anbohrt, und bewirkt, daß Sonne und Mond nur Dekorationen seines Gartens scheinen: so ist das alles noch immer die legitime Herrschaft der Schönheit.

Die schimmernde Herrlichkeit der menschlichen Gestalt, so erstaunlich sie manchmal ist, ist doch nur ein Aufflammen der Schönheit für wenige Jahre oder Monate, mit der Glanzzeit jugendlicher Vollkommenheit, und verfällt meist rasch wieder. Aber wir lieben sie weiter, und übertragen nur unser Interesse auf innerliche Vorzüge. Und sie zeigt ihre wunderbare Wirkung nicht in einzelnen und in die Augen fallenden Talenten, sondern auch in der Welt der Manieren.

Aber das souveräne Attribut bleibt noch zu erörtern. Dinge können hübsch, reich, anmutig, elegant, prächtig sein, aber so lange sie nicht die Phantasie erregen, sind sie noch nicht *schön*. Das ist der Grund, weshalb die Schönheit noch immer jeder Analyse spottet. Wir haben noch immer nicht Besitz von ihr erlangt, wir können über sie nicht verfügen. Proclus sagt: »Sie schwimmt im Licht der Formen.« Sie liegt eben in Wirklichkeit nicht in den Formen, sondern im Geist. Der Besitz vertreibt sie sogleich, und sie flieht zu irgendeinem andern Ding am fernen Horizont. Wenn ich meine Hand auf den Polarstern legen könnte, bliebe er so schön, wie er ist? Die See ist lieblich, aber sobald wir in ihr baden, verläßt die Schönheit alles Wasser in unserer Nähe. Denn Phantasie und Sinn können nicht gleichzeitig befriedigt werden. Wordsworth spricht mit Recht von »einem Licht, das niemals war – auf dem Land, noch auf der See«, – er meint nämlich, daß der Beobachter es mitbrachte; und der Walisische Barde warnt die Frauen seines Landes:

»Ihr halber Reiz wird mit Cadwallon sterben.«

Die neue Kraft, die ein Objekt zu einem schönen macht, ist eine kosmische Qualität, eine Kraft, die einen Zusammenhang mit dem All empfinden läßt und so das Objekt über die armselige Individualität emporhebt. Jeder Zug der Natur – das Meer, der Regenbogen, die Blumen, die Töne der Musik – hat etwas an sich, was nicht ihm besonders eigen, sondern universell ist; all diese Dinge sprechen mit der Stimme jener zentralen Vortrefflichkeit, die die Seele der Natur ist, und darum sind sie schön. Und bei auserwählten Männern und Frauen finde ich etwas in Gestalt, Sprache und Manieren, was weder zu ihrer Person noch zu ihrer Familie gehört, sondern einen allgemein menschlichen, katholischen und spiritualen Charakter hat, – und wir lieben sie wie den klaren Himmel. Sie deuten so viel Weites und Großes an, und in ihrem Gesicht und ihrem Betragen liegt dieselbe Großartigkeit, wie in der Zeit und in der Gerechtigkeit.

Die Tätigkeit, die der Einbildungskraft dabei zufällt, besteht darin, daß sie uns die Wandelbarkeit der Dinge erkennen läßt, uns zeigt, daß jegliches Ding in jedes andere umgewandelt werden kann. Dinge, die niemals vorher von ihrem starren, gemein deutlichen Sinn gelassen, zeigen sich plötzlich als eleusische Mysterien. Meine Stiefel, mein Sessel, mein Leuchter sind verkleidete Geister, sind Sternbilder und Meteore. Alle Dinge in der Natur sind Nomina für den Geist und bilden die Grammatik der ewigen Sprache. Jedes Wort hat einen doppelten, dreifachen, hundertfachen Gebrauch und Sinn. Was? Mein Ofen und meine Pfefferbüchse haben doppelte Böden? Ich bitte um Verzeihung, guter Schuhkasten! Ich wußte nicht, daß du ein Juwelenkästchen bist! Staub und Spreu beginnen zu funkeln und kleiden sich in Unsterblichkeit. Und solch eine Freude ist mit der Erkenntnis des Symbolischen oder repräsentativen Charakters eines Dinges verbunden, wie das Ding oder Ereignis an sich sie nie gewähren können. Es gibt keine denkwürdigeren Tage im Leben, als die, an denen unsere Seele von den Schlägen und Klängen, die an unsere Phantasie schlugen, erzitterte.

Die Dichter haben ganz recht, wenn sie ihre Herrinnen mit dem Raub der Landschaft, der Blumengärten, der Edelsteine und Regenbogen, des Morgenglühens und der nächtlichen Sterne schmücken, denn alle Schönheit weist auf die große Einheit hin, und ein Ding, das für mich nicht Himmel und Meer, Tag und Nacht bedeutet, ist nicht das rechte, und muß etwas Verbotenes sein. An jedem schönen Gegenstand muß etwas Unermeßliches und Göttliches sein, und zwar ebenso in der von Konturen umschlossenen Form, wie in den Bergen am Horizont, den Tönen der Musik, den Tiefen des Raumes. Polarisiertes Licht verriet uns den geheimen Bau der Körper; und wenn das *zweite Gesicht* des Geistes zu schauen beginnt, dann bekommt jetzt diese Farbe, Form oder Gebärde, und nun jene eine scharfe, stechende Klarheit, als ob ein innerer Strahl aus ihr gedrungen wäre und ihren tiefen Zusammenhang und ihre Stellung im Rahmen der Welt uns enthüllt hätte.

Die Regeln solcher Übersetzung sind uns nicht bekannt; wir wissen nicht, warum ein Zug, eine Gebärde bezaubert, warum ein Wort oder eine Silbe berauscht und andere nicht, aber die Tatsache ist uns vertraut, daß die feine Berührung des Blicks, irgendeine Anmut im Benehmen, oder ein Satz, der von Poesie erfüllt ist, unseren Schultern Schwingen gibt: es ist, als ob die Gottheit, wenn sie sich uns nähert, Berge der Hemmung beseitigen und eine wahrere Linie ziehen würde, die der Geist erkennt und annimmt. Das ist jene stolze Macht der Schönheit, die »vis superba formae«, die die Dichter preisen – daß unter ruhigen, scharfen Konturen sich plötzlich die göttliche Unendlichkeit kundgibt: Schönheit, die alle Macht und Weisheit in ihren ruhigen Himmel bringt.

Alle hohe Schönheit hegt ein sittliches Element in sich; ich finde die antike Skulptur gerade so ethisch wie Marcus Antonius. Die Schönheit steht immer im geraden Verhältnis zur geistigen Tiefe. Grobe und lichtlose Naturen, wie geschmückt sie auch sein mögen, scheinen dennoch nur unreine Fleischbänke; aber das vornehme Wesen gibt der Jugend Glanz und der verrunzelten Haut und den grauen Haaren ehrfurchtgebietende Macht. Dem, der gleich uns die hohe Wahrheit verehrt, dem *müssen* wir gehorchen: und das Weib, das die gleiche sittliche Empfindung mit uns verbindet, dessen Locken müssen uns erhaben scheinen. So steigt die Stufenleiter der Kultur von dem ersten angenehmen Eindruck, den ein funkelnder Stein oder ein scharlachroter Fleck dem Auge macht, durch die schönen Konturen und Details der Landschaft, durch die Züge der menschlichen Gestalt, die Zeichen und Kundgebungen des Geistes und der Persönlichkeit im Benehmen bis zu den unaussprechlichen Mysterien der Erkenntnis empor. Wo immer wir beginnen mögen, *dahin* zielen unsere Schritte: es ist ein Emporsteigen von der Freude eines Pferdes an seinem Galageschirr bis zur Erkenntnis Newtons, daß der Erdball, auf dem wir treiben, nur ein größerer Apfel ist, der von einem größeren Baum fällt; und empor zur Erkenntnis Platos, daß der Erdball und das Weltall nur rohe und primitive Ausdruckserscheinungen einer alles in sich lösenden Einheit sind, – jener Erkenntnis, die die erste Stunde auf der Treppe zum Tempel des Geistes ist.

Die Über-Seele

Die Stunden unseres Lebens sind nicht gleichwertig, weder in ihrer Bedeutung, noch in ihrer Wirkung auf die Folgezeit. Unser Glaube kommt für Augenblicke, unsere Fehler sind beharrlich da. Und doch liegt eine Tiefe in jenen kurzen Momenten, die uns zwingt, ihnen mehr Realität und Bedeutung zuzuschreiben als allen anderen Erfahrungen. Darum ist jenes Argument, das stets ins Treffen geführt wird, um die verstummen zu machen, die dem Menschen ein außerordentliches Wesen zuschreiben und Hohes für ihn erwarten, der Appell an die Erfahrung allezeit bedeutungslos und nichtig. Wir geben dem Zweifler Recht für die Vergangenheit und hoffen dennoch weiter. Er muß uns diese Hoffnung erklären. Wir geben zu, daß das menschliche Leben niedrig ist, aber wieso entdekken wir denn, daß es niedrig sei? Woher kommt denn diese Unbehaglichkeit, die wir fühlen, diese alte Unbefriedigung? Was ist die allgemeine Empfindung des Mangels und der Unwissenheit anderes, als die feine Andeutung, mit welcher die Seele ihren ungeheuren Anspruch stellt. Warum fühlen die Menschen, daß die Naturgeschichte des Menschen noch nie geschrieben worden ist, daß er vielmehr alles weit hinter sich läßt, was man von ihm gesagt hat, so daß es veraltet und die metaphysischen Werke wertlos werden? Die Philosophie von sechs Jahrtausenden hat die Kammern und

Räume der Seele nicht ausgeforscht. Bei all ihren Experimenten blieb in der letzten Analyse stets ein Residuum übrig, das sie nicht auflösen konnte. Der Mensch ist ein Strom, dessen Quelle verborgen ist. Unser Sein steigt in uns hernieder, wir wissen nicht, woher. Der genaueste Rechner kann nicht wissen, ob ihm nicht etwas Unberechenbares schon im nächsten Augenblick alles umstößt. Ich muß zu allen Augenblikken einen höheren Ursprung der Ereignisse anerkennen, als den Willen, welchen ich den meinen nenne.
Und wie mit den Ereignissen, so verhält es sich auch mit den Gedanken. Wenn ich diesen fließenden Strom beobachte, der aus Regionen, die ich nicht sehe, eine Zeitlang seine Fluten in mich ergießt, so sehe ich, daß ich nur ein Pensionist bin; daß ich nicht die Ursache, sondern nur ein überraschter Zuschauer dieser ätherischen Wasser bin, daß ich wünsche und emporschaue und eine empfangende Haltung einnehme; aber einer mir fremden Energie entstammen die Visionen.
Der höchste Richter aller Irrtümer der Vergangenheit und Gegenwart und der einzige Prophet dessen, was sein muß, ist jene große Natur, in der wir ruhen, wie die Erde in den weichen Armen der Atmosphäre liegt; jene Einheit, jene Über-Seele, in der das Einzeldasein jedes Menschen bereits enthalten und eins mit dem aller andern wird, jenes gemeinsame Herz, das in jedem wahrhaftigen Gespräch seine gottesdienstliche Feier findet, dem wir uns in jeder wackeren Tat unterwerfen; jene überwältigende Realität, die all unsere

Kniffe und Talente zunichte macht und jeden zwingt, als das zu erscheinen, was er ist, und nach seinem Charakter zu sprechen und nicht nach seiner Zunge, und die unaufhörlich bestrebt ist, in unsere Gedanken und Hände überzugehen und Weisheit und Sittlichkeit und Macht und Schönheit zu werden. Wir leben in aufeinanderfolgenden Momenten, in steter Trennung, in Teilen und Teilchen. Und indessen lebt im Menschen die Seele des Ganzen, das weise Schweigen, die Weltschönheit, mit welcher jeder Teil und jedes Teilchen in Zusammenhang steht: das Ewig-Eine. Und diese tiefe Macht, in der wir existieren, und deren Seligkeit uns durchaus zugänglich ist, ist nicht nur zu jeder Stunde sich selbst genügend und vollkommen, sondern mehr noch: der Akt des Sehens und das gesehene Ding, der Sehende und das Schauspiel, das Subjekt und das Objekt sind eins. Wir sehen die Welt in ihren Stücken, wie die Sonne, den Mond, das Tier oder den Baum; aber das Ganze, dessen leuchtende Teile dies sind, ist der Geist. Nur durch die Erkenntnis dieser Weisheit wird das Horoskop der Zeiten verständlich, und nur indem wir uns in unsere besseren Gedanken versenken, indem wir dem prophetischen Geiste, der jedem Menschen eingeboren ist, nachgeben, sind wir imstande zu begreifen, was es sagt. Die Worte jeden Mannes, der aus jenem Leben spricht, müssen eitel tönen für alle, die nicht selbst in dem gleichen Gedanken zu Hause sind. Ich darf nicht wagen, für es zu sprechen. Meine Worte bringen seinen erhabenen Sinn nicht; sie sind unzureichend und kalt. Nur er kann begeistern, wen er will, und siehe! ihre Sprache ist lyrisch, süß und allverständlich wie das Schwellen des Windes. Dennoch fühle ich den Wunsch und, wenn auch nur mit profanen Worten, wenn ich schon geweihte zu gebrauchen nicht vermag, den Himmel dieser Gottheit zu zeigen und soviel zu berichten, als ich Spuren von der transzendentalen Einfachheit und Kraft des höchsten Gesetzes zu sammeln imstande war.

Wenn wir betrachten, was im geselligen Gespräch, in Träumereien, in Gewissensqualen, in Zeiten leidenschaftlicher Erregung, in Überraschungen vorgeht, wenn wir an die Lehren denken, die wir aus Träumen schöpfen, in welchen wir uns oft selbst in Masken sehen, wo dann die sonderbare Verkleidung ein wirkliches Element nur hebt und steigert und unserer Beobachtung aufzwingt, – werden wir manchen Einblick erhaschen, der sich erweitert und uns den Weg zur Erkenntnis des Geheimnisses der Natur erleuchtet. Alles geht darauf aus, zu zeigen, daß die Seele im Menschen kein Organ ist, sondern alle Organe belebt und bewegt; keine Funktion ist, wie das Gedächtnis, die Kraft zu rechnen oder zu vergleichen, sondern all diese Funktionen als Hände und Füße gebraucht: keine Fähigkeit ist, sondern eine Leuchte; nicht der Verstand ist, oder der Wille, sondern Meister des Verstandes und des Willens: daß sie der Hintergrund unseres Wesens ist, in welchem jene liegen – eine unbesessene

Unendlichkeit, die nicht besessen werden kann. Von innen heraus oder von rückwärts scheint durch uns ein Licht auf die Dinge und macht uns gewahr, daß wir nichts sind, sondern das Licht alles ist. Ein Mensch ist die Fassade eines Tempels, in welchem Weisheit, und alles Gute verweilen können. Was wir gewöhnlich »Mensch« nennen, den essenden, trinkenden, pflanzenden, rechnenden Menschen, stellt, wie wir ihn kennen, nicht sich selbst dar, sondern entstellt sich. Ihn achten wir nicht, aber vor dem Geist, dessen Organ er ist, würden wir, wenn er ihn in seinem Tun erscheinen ließe, gerne die Knie beugen. Wenn der Geist durch seinen Intellekt haucht, ist er Genius; wenn er durch seinen Willen haucht, ist er Tugend; wenn er durch seine Neigungen strömt, ist er Liebe. Und die Blindheit des Intellektes beginnt, sobald er etwas für sich selbst sein will. Die Schwäche des Willens beginnt, sobald das Individuum etwas für sich selbst sein will. Alle Reform im einzelnen strebt dahin, die Seele ihren Weg durch uns nehmen zu lassen; in anderen Worten: uns zum Gehorchen zu bewegen.

Diese reine Natur wird jedem Menschen zu Zeiten fühlbar. Die Sprache kann sie mit ihren Farben nicht malen; sie ist zu fein für die Sprache. – Es ist etwas Unbestimmbares, Unmeßbares, aber wir wissen, daß es uns durchdringt und erhält. Wir wissen, daß alles geistige Sein im Menschen ist. Ein weises altes Sprichwort sagt: »Gott kommt ohne Glocke, uns zu schauen;« das will sagen: so wie sich kein Schirm und keine Decke zwischen unsern Häuptern und den unendlichen Himmeln breitet, so gibt es keine Schranke oder Mauer in der Seele, wo der Mensch, die Wirkung, aufhört und Gott, die Ursache anfängt. Die Mauern sind hinweggenommen. Wir liegen auf einer Seite offen gegen die Tiefe der geistigen Natur, gegen die Attribute der Gottheit. Gerechtigkeit nehmen wir wahr, und Liebe, Freiheit und Kraft. Über diese Wesen ist noch kein Mensch hinübergekommen, sondern sie steigen türmend über uns empor, und am meisten in den Augenblicken, in welchen unser Vorteil uns versucht, sie zu verletzen.

Die Souveränität dieser Natur, von welcher wir sprechen, wird uns durch ihre Unabhängigkeit von jenen Schranken erkennbar, die uns auf allen Seiten umfangen. Die Seele aber umfängt selbst alle Dinge. Wie ich gesagt habe, widerlegt sie alle Erfahrung. In gleicher Weise macht sie Zeit und Raum zu nichte. Der Einfluß der Sinne hat in den meisten Menschen den Geist in solchem Grade überwältigt, daß die Mauern des Raumes und der Zeit, ihnen wirklich und unübersteiglich erscheinen; und von diesen Schranken zu sprechen, ist in den Augen der Welt ein Zeichen des Wahnsinns. Dennoch sind Raum und Zeit nur verkehrte Abbilder der Maße, welche die Seele braucht. Der Geist spottet der Zeit.

»Kann Ewigkeit in eine Stunde zwingen
Und dehnt die Stunde aus zur Ewigkeit.«

Es wird uns oft fühlbar, daß es eine andere Jugend und ein anderes Alter gibt als jenes, welches wir vom Tage unserer natürlichen Geburt bemessen. Es gibt Gedanken, welche uns immer jung finden und uns jung erhalten. Solch ein Gedanke ist die Liebe zur allgemeinen und ewigen Schönheit. Jeder Mensch löst sich von der Betrachtung derselben mit dem Gefühl, daß sie eher Äonen angehört als dem sterblichen Leben. Die geringste Tätigkeit der geistigen Kräfte befreit uns in einem gewissen Grade aus den Banden der Zeit. In Krankheit, in Zeiten der Erschlaffung laßt uns eine Strophe wahrer Poesie oder einen tiefen Sinnspruch vernehmen, und wir fühlen uns erfrischt; oder gebt uns einen Band von Plato oder Shakespeare in die Hand, ja erinnert uns nur an ihre Namen, und augenblicklich durchdringt uns ein Gefühl von fortdauernder Existenz. Seht nur, wie der tiefe göttliche Gedanke Jahrhunderte und Jahrtausende auflöst und durch alle Zeitalter hindurch gegenwärtig ist. Ist die Lehre Christi heute etwa weniger wirksam, als sie es war, da sein Mund sich zum erstenmal auftat? Die emphatische Bedeutung, die Personen und Taten in meinem Geist behaupten, hat nichts mit der Zeit zu tun. Und so ist allzeit die Waage der Seele eine Waage für sich, und die der Sinne und des Verstands eine andere. Vor den Offenbarungen der Seele schwinden Raum und Zeit und schrumpft die Natur zu nichts zusammen. In unserer gewöhnlichen Rede, da beziehen wir wohl alle Dinge auf die Zeit, so wie wir gewohnt sind, die so unendlich weit gestreuten Sterne uns auf einer konkaven Gewölbfläche zu denken. Und so sagen wir, der Tag des Gerichts sei fern oder nah, das tausendjährige Reich rücke heran, der Tag gewisser politischer, sittlicher, sozialer Reformen stehe vor der Tür, und meinen damit nur, daß im Wesen aller Dinge eines der Fakta, die wir in Betracht ziehen, äußerlich und vergänglich ist, und das andere ewig und in Verbindung mit dem Geiste selbst ist. Die Dinge, die uns heute so gefestigt erscheinen, die werden sich eins nach dem andern aus unserer Erfahrung ablösen und fallen wie reife Frucht. Der Wind wird sie verwehen, kein Mensch weiß, wohin. Die Landschaft, die Gestalten, Boston und London sind genau so vergängliche Tatsachen, wie irgend ein Ding der fernsten Vergangenheit, wie ein Wölklein, ein Nebel, ein Rauch, und desgleichen die ganze menschliche Gesellschaft, ja die Welt. Die Seele sieht unentwegt vorwärts, schafft eine Welt vor sich, läßt Welten hinter sich. Sie kennt keine Daten, keinen Kultus, keine Personen, keine Besonderheiten und auch keine Menschen. Die Seele kennt nur die Seele; das Gewebe der Ereignisse ist nur das flutende Kleid, in das sie gehüllt ist.

Nach ihren eigenen Gesetzen und nicht nach arithmetischen Maßen sind ihre Fortschritte zu bemessen. Ihr Gang ist kein schrittweiser und kann nicht durch eine

Bewegung in gerader Linie dargestellt werden; eher gibt das Emporsteigen von Zustand zu Zustand ein richtiges Bild, wie die Metamorphose es bietet, vom Ei zur Larve, von der Larve zur Fliege. So hat das Wachsen des Genies einen gewissen »totalen« Charakter, das auserwählte Individuum schreitet nicht bis zu John und dann über ihn hinaus zu Adam, und dann über Richard, so daß er jedem den Schmerz erkannter Inferivrität bereiten müßte, sondern mit den Wehen jedes Wachstums dehnt er sich auf dem Gebiet aus, auf dem er schafft, und mit jedem Pulsschlag passiert er ganze Klassen, ganze Völker von Menschen. Mit jedem göttlichen Impulse durchbricht der Geist die dünne Rinde des Sichtbaren und Endlichen und tritt hinaus in die Ewigkeit und atmet ihre Luft ein und aus. Er ist in der Region der Wahrheiten angelangt, die von jeher in der Welt gesprochen worden sind, und er wird sich einer engeren Sympathie mit Zeno und Arrian bewußt, als mit den Personen, die in seinem Hause leben.

Das ist das Gesetz alles geistigen und sittlichen Fortschritts. Die einfältigen Seelen erheben sich wie infolge spezifisch leichteren Gewichtes nicht zu einer partikulären Vortrefflichkeit, sondern in das Gebiet alles Hohen und Schönen empor. Sie sind in dem Geist, der dies alles umfaßt. Die Seele strebt nach Gerechtigkeit, aber auch Gerechtigkeit ist nicht das Höchste; sie strebt nach Wohltätigkeit, aber es ist etwas weit Besseres als Wohltätigkeit; und wir fühlen ein Herabsteigen, wir machen bereits eine Konzession, wenn wir aufhören vom sittlichen Geist zu sprechen, um irgendeine bestimmte Tugend, die er vorschreibt, zu fordern. Dem edelgeborenen Kinde sind alle Tugenden etwas Natürliches, nicht etwas peinlich Erworbenes. Sprich zu seinem Herzen, und der Mensch wird mit einemmal ein sittlicher Mensch.

In demselben Gefühl liegt der Reim alles geistigen Wachstums, das demselben Gesetze gehorcht. Diejenigen, die der Demut, der Gerechtigkeit, der Liebe, des Hochstrebens fähig sind, stehen bereits auf einer Plattform, welche die Wissenschaft und Künste, Poesie und Rede, Tat und Formen beherrscht. Denn wer immer in dieser sittlichen Seligkeit daheim ist, der antizipiert bereits all jene besonderen Kräfte, welche von den Menschen so hoch geschätzt werden. Der Geliebte kann kein Talent, keine Gewandtheit besitzen, das es dem verliebten Mädchen für gar nichts gilt und nichts bei ihr bewirkt, wie wenig von verwandter Fähigkeit sie auch besitzen mag, und das Herz, das sich dem höchsten Geiste überläßt, findet sich in Beziehung zu all den Werken, die der Geist schafft, und kann auf einer Königstraße zu allen Einzelkenntnissen und Kräften ziehen. Sobald wir zu dieser primären und ursprünglichen Gefühlssphäre emporsteigen, sind wir von unserem entfernten Platz an der Peripherie in einem Augenblick ins Zentrum der Schöpfung gelangt, wo wir gleichsam im Arbeitszimmer Gottes die Gründe schauen und das Universum, das ja nur eine allmähliche Folge ist, voraus erkennen können.

Eine Methode des göttlichen Lehrens ist die Inkarnation des Geistes in einer Form – in Formen, die meiner eigenen gleichen. Ich lebe nicht allein, sondern mit anderen, mit Personen, die auf Gedanken in meinem eigenen Geist einzugehen vermögen und den großen Instinkten, denen ich lebe, in gewisser Art gehorchen müssen. Ich sehe, daß für sie dasselbe wie für mich vorhanden ist. Ich kann nicht an einer gemeinsamen Natur zweifeln; und diese andern Seelen, diese von mir getrennten Teile meines Ich ziehen mich an, wie nichts anderes es vermag. Sie erregen in mir jene neuen Bewegungen, die wir Leidenschaft nennen; die Empfindung der Liebe, des Hasses, der Furcht, des Mitleids und der Bewunderung; hieraus folgen Gespräch, Wettbewerb das Mitreißen anderer Geister, Städte und Krieg. Personen sind das Supplement, das zu den primären Lehren, die wir vom Geiste selbst empfangen, hinzutritt. In der Jugend schwärmen wir für Personen. Kindheit und Jugend erblicken die ganze Welt in ihnen. Aber die breitere Erfahrung des Mannes erkennt die identische Natur, die in ihnen allen zur Erscheinung tritt. Durch Personen lernen wir das Unpersönliche erkennen. In jedem Gespräch zwischen zwei Personen wird stets in stillschweigendem Einverständnis wie auf einen dritten Anwesenden, auf eine gemeinsame Natur Bezug genommen. Dieser Dritte, diese gemeinsame Natur ist keine soziale Erscheinung, ist etwas völlig unpersönliches, ist Gott. Und so wird in größeren Gruppen, wenn die Debatte ernst ist und insbesondere, wenn sie sich auf hohe Fragen bezieht, der Kreis plötzlich gewahr, daß der Gedanke sich in allen Busen zu einer gleichen Höhe erhebt – daß alle, nicht nur der Sprecher, ein geistiges Eigentum am Gesprochenen haben. Sie sind alle weiser geworden, als sie waren. Wie ein Tempel wölbt sich über ihnen diese Einheit des Denkens, in der jedes Herz mit einem erhabeneren Gefühl von Macht und Pflicht schlägt und mit einer ungewohnten Feierlichkeit denkt und handelt. Alle werden sich bewußt, in einem höheren Maße Besitz von sich selbst ergriffen zu haben. Es gibt eine gewisse Weisheit des Menschengeschlechts, welche den größten Menschen mit den niedrigsten gemein ist und die von unserer Erziehung nur zu oft erstickt oder in der Entwicklung gehemmt wird. Der Geist ist nur einer, und die besten Köpfe, die die Wahrheit um ihrer selbst willen lieben, denken am wenigsten an irgend ein geistiges Eigentum an der Wahrheit. Sie nehmen sie überall dankbar hin und denken nicht daran, sie mit dem Namen irgendeines bestimmten Menschen zu stempeln und zu etikettieren, denn sie war ja schon so lange voraus und von aller Ewigkeit ihr eigen. Die Gelehrten und die Denker von Beruf haben keineswegs ein Monopol auf Weisheit. Die Heftigkeit, mit der sie eine bestimmte Richtung verfolgen, hindert sie in einem gewissen Grad, völlig richtig zu denken. So manche wertvolle Bemerkung verdanken wir Leuten, die nicht gar zu scharfsinnig und tief sind, und die ganz ohne Anstrengung das sagen, was uns not tut, und dem wir so lange vergeblich nachgejagt haben. die wahrhafte Aktion des *Geistes* liegt öfter in dem, was während eines Gesprächs empfunden wird und ungesagt bleibt, als in dem, was gesprochen wird. Er brütet über jeder Gesellschaft, und er ist es, den sie, ohne sich dessen bewußt zu sein, einer im anderen suchen. Wir handeln klüger, als wir glauben. Wir haben noch gar nicht Besitz an uns selber und wissen doch schon, daß wir viel mehr sind. Wie sehr fühle ich diese selbe Wahrheit im gewöhnlichen Gespräch mit meinen Nachbarn, daß etwas Höheres in jedem von uns als dies Neben-Spiel überschaut und daß Jupiter hinter dem einen Jupiter dem anderen zunickt.

Die Menschen lassen sich herab, wenn sie sich einander begegnen. In der gewöhnlichen niedrigen Dienstbarkeit, mit der sie sich der Welt fügen, für die sie ihren angeborenen Adel verleugnen, gleichen sie jenen arabischen Scheichs, die in niedrigen Stätten wohnen und nach außen Armut heucheln, um der Raubgier des Paschas zu entgehen, und die ganze Entfaltung ihrer Reichtümer für ihre inneren wohlbewachten Gemächer vorbehalten.

So wie der Geist in allen Menschen gegenwärtig ist, so ist er es auch in jedem Abschnitt ihres Lebens. Er ist im Kinde erwachsen. In meinem Verkehr mit meinem Kinde kann mein Latein und mein Griechisch, meine Bildung und mein Geld mir gar nichts nützen, aber was ich an Seele besitze, das gibt mir Macht. Wenn ich eigenwillig bin, setzt es seinen Willen gegen den meinen – Willen gegen Willen – und läßt mir nichts übrig als, wenn ich mich dazu herbeilasse, es vermöge meiner überlegenen Körperkraft zu prügeln. Aber wenn ich meinen eigenen Willen aufgebe und nur dem Geiste folge – den Geist zum Schiedsrichter zwischen uns beiden mache, dann blickt aus seinen jungen Augen derselbe Geist, und es verehrt und liebt mit mir.

Der Geist empfängt und offenbart die Wahrheit. Wir erkennen die Wahrheit, wenn wir sie schauen; mögen Skeptiker und Spötter sagen, was sie wollen. Törichte Leute fragen einen, wenn man das spricht, was sie zu hören nicht lieben: »Woher weißt du, daß das die Wahrheit und nicht eine Täuschung von dir ist?« Wir erkennen die Wahrheit, wenn wir sie schauen, und unterscheiden sie von bloßer Meinung gerade so gut, wie wir erkennen, daß wir wachen und nicht schlafen, wenn wir wach sind. Es war ein grandioser Ausspruch Emanuel Swedenborgs, der allein die Größe der Anschauung dieses Mannes erkennen lassen würde: »Es ist keine Probe für den Verstand eines Menschen, daß er imstande ist, zu beweisen, was immer er will; aber imstande sein, zu erkennen und zu entscheiden, daß, was wahr ist, wahr ist und, was falsch ist, falsch ist, das ist das charakteristische Zeichen hoher Intelligenz.« In dem Buch, das ich lese, bringt jeder gute Gedanke – wie jede Wahrheit – mir ein Bild des ganzen gemeinsamen Geistes. Für den schlechten Gedanken, den ich darin finde, wird dieser selbe Geist ein unterscheidendes und trennendes Schwert, das ihn abhaut und zur Seite wirft. Wir sind weiser, als wir glauben. Wenn wir unsere eigenen Gedanken nicht beeinflussen, sondern ganz und ungeteilt handeln oder die Dinge lediglich in Gott betrachten, dann werden wir den Fall, um den es sich gerade handelt, recht beurteilen, und so jede Sache und jeden Menschen. Denn der Schöpfer aller Dinge und aller Personen steht hinter uns und wirft seine furchtbare Allwissenheit durch uns auf die Dinge.

Aber außerdem, daß die Seele in besonderen Vorfällen der Erfahrung jedes einzelnen das erkennt, was ihr angehört, offenbart sie die Wahrheit überhaupt. Und hier möchten wir aus ihrer Gegenwart selbst größere Kraft schöpfen und in einer würdigeren und erhabeneren Weise von diesem Advent des Geistes sprechen. Denn die Mitteilung der Wahrheit durch die Seele ist das höchste Ereignis in der Natur. Denn in dieser Mitteilung gibt sie nicht etwas von ihrem Wesen, sondern gibt sich selbst und geht in den Menschen über und wird der Mensch, den sie erleuchtet, oder: im Verhältnis zur Wahrheit, die er empfängt, wird er in sie aufgenommen.

Wir bezeichnen die Verkündigungen der Seele, die Manifestationen ihres eigenen Wesens mit dem Ausdruck: Offenbarung. Sie werden stets von der Empfindung des Erhabenen begleitet. Denn diese Mitteilung ist ein Einströmen des göttlichen Geistes in unsern Geist. Es ist ein Ebben des individuellen Bächleins vor dem flutenden Wogenschwall aus der See des Lebens.

Jedes klare Erfassen dieser zentralen Gebote bewegt die Menschen mit Entzücken und Ehrfurcht. Ein Beben fährt durch alle Menschen, wenn sie eine neue Wahrheit erkennen oder eine große Handlung vollbringen, ein Beben, das geradewegs aus dem Herzen der Natur kommt. In solchen Mitteilungen ist die Kraft zu schauen vom Willen zum Tun nicht getrennt, sondern die Einsicht geht aus dem Gehorsam hervor und der Gehorsam aus freudiger Erkenntnis. Jeder Augenblick, in welchem das Individuum sich davon ergriffen fühlt, ist denkwürdig. Durch eine Notwendigkeit, die in unserer Natur liegt, tritt ein gewisser Enthusiasmus ein, sobald das Individuum sich der göttlichen Gegenwart bewußt wird. Der Charakter und die Dauer dieses Enthusiasmus wechselt nach der Beschaffenheit des Individuums von Ekstase und Verzückung und prophetischer Inspiration – dem selteneren Fall – bis zum schwächsten Glühen sittlicher Erregung, in welcher Form es, wie das Feuer in unseren Kaminen, die Familien und Gesellungen der Menschen erwärmt und die Gesellschaft möglich macht. Eine gewisse Tendenz zum Wahnsinn hat stets den Anbruch des religiösen Gefühls in den Menschen begleitet als hätte »das Übermaß von Licht sie verstört.« Die Entrückungen des Sokrates, die »Einigung« Plotins, die Visionen des Porphyrius, die Bekehrung Pauli, die Morgenröte Behmens, die Krämpfe des George Fox und seiner Quäker, die Erleuchtung Swedenborgs sind alle von dieser Art. Was in dem Fall dieser merkwürdigen Menschen ein völliges Entrücktsein war, das zeigt sich in ungezählten Vorfällen des täglichen Lebens in minder erstaunlicher Art. Überall in der Religionsgeschichte bemerken wir eine Neigung zum Enthusiasmus. Die Verzückung der mährischen Brüder und Quietisten, die Eröffnung des inneren Sinnes der Welt wie es in der Sprache der Kirche von Neu-Jerusalem heißt, die Wiedererwekkung der calvinischen Kirchen, die »Erfahrungen« der Methodisten sind nur wechselnde Formen jenes Schauders von Entzücken und Ehrfurcht, der das Aufgehen der Einzelseele in der Weltseele stets begleitet.

Die Natur dieser Offenbarungen ist stets dieselbe: sie sind Wahrnehmungen des absoluten Gesetzes. Sie sind Lösungen der Fragen, welche die Seele selbst gestellt hat. Sie geben keine Antwort auf die Fragen, welche der Verstand stellt. Die Seele aber antwortet nie in Worten, sondern mit dem Dinge selbst, nach dem gefragt wurde.

Offenbarung ist eine Enthüllung der Seele. Gewöhnlich stellen sich die Leute darunter ein bloßes Wahrsagen vor. In den Orakeln, welche in vergangenen Zeiten die Seele der Seele erteilt, sucht der Verstand Antworten zu finden und versucht, es aus Gott zu künden, wie lange die Menschen leben werden, was ihre Hände tun werden und wer ihr Gefährte sein wird, und sie fügen Namen und Ort und Daten hinzu. Aber es ist uns verboten, Schlösser aufzubrechen. Wir müssen diese niedere Neugier bezwingen. Jede Antwort in Worten ist trügerisch, ist in Wahrheit gar keine Antwort auf die

Fragen, die du stellst. Verlange keine Beschreibung der Länder, nach denen du segelst. Die Beschreibung beschreibt sie nicht, und morgen wirst du ankommen und sie kennen, wenn du sie bewohnen wirst. Die Menschen stellen Fragen nach der Unsterblichkeit der Seele, nach den Beschäftigungen im Himmel, dem Zustand des Sünders und dergleichen mehr. Sie wähnen sogar, Jesus hätte Antworten gerade auf diese Fragen hinterlassen. Niemals, auch nicht einen Augenblick, hat dieser erhabene Geist in ihrem niedrigen Dialekt gesprochen. Mit Wahrheit, Gerechtigkeit, Liebe, den Attributen der Seele, ist der Begriff der Unveränderlichkeit essentiell verbunden. Jesus, der, unbekümmert um die Schicksale in der sinnlichen Welt, ganz in diesen sittlichen Empfindungen lebte, der sich nur um die Äußerungen dieser kümmerte, hat die Idee der Fortdauer niemals vom Wesen dieser Attribute getrennt, noch hat er je eine Silbe über die Fortdauer der Seele geäußert. Es blieb seinen Jüngern überlassen, die Fortdauer von den sittlichen Elementen zu trennen und die Unsterblichkeit der Seele als ein Dogma zu lehren und durch Beweise aufrecht zu erhalten. Sobald das Dogma von der Unsterblichkeit der Seele als etwas Besonderes gelehrt wird, ist der Mensch schon gefallen. In den Fluten der Liebe, in dem ehrfürchtigen Emporschauen der Demut wird nach keiner Fortdauer gefragt. Kein vom Geist ergriffener Mensch wird je diese Frage stellen noch sich jemals zu diesen Beweisen herablassen. Denn die Seele ist sich selber treu und der Mensch, in den sie ergossen ist, kann nicht von der Gegenwart, die unendlich ist, zu einer Zukunft abirren, die endlich wäre.

Diese Fragen nach der Zukunft, die zu stellen uns so sehr gelüstet, sind ein Bekenntnis der Sünde. Gott hat keine Antwort für sie. Keine Antwort in Worten kann eine Frage lösen, die in Tatsachen gestellt ist. Es ist kein willkürliches »Dekret Gottes«, sondern es liegt tief in der Natur des Menschen, daß ein Schleier über den morgigen Tag gezogen ist; denn der Geist mag uns keine anderen Chiffren als die von Grund und Folge lesen lassen. Durch diesen Schleier, der die kommenden Ereignisse verhüllt, lehrt er die Kinder der Menschen für den heutigen Tag zu leben. Der einzige Weg, auf diese von den Sinnen gestellten Fragen eine Antwort zu erhalten, ist alle niedrige Neugier zu vermeiden und uns dem Wogengang der Ereignisse, der mit uns in die kommenden Geheimnisse der Natur hineinflutet, zu überlassen, wirken und leben, wirken und leben – und ehe wir es ahnten, hat die vorschreitende Seele einen neuen Zustand für sich gebaut und geschmiedet und Frage und Antwort sind eins geworden.

Kraft desselben lebenspendenden, weihevollen, himmlischen Feuers, welches brennt, bis es alle Dinge in die Wogen und Brandungen eines Ozeans von Licht aufgelöst haben wird, schauen und kennen wir einer den anderen und welchen Geistes jeder von uns ist. Wer kann die Gründe sagen, warum er den Charakter der verschiedenen Individuen in seinem Freundeskreis kennt? Kein Mensch. Und doch enttäuschen ihn ihre Worte und Taten nicht. Zu jenem Menschen, obgleich er von ihm nichts Böses wußte, konnte er kein Vertrauen haben. An jenem anderen, obgleich sie sich selten getroffen, hatte er dennoch unwidersprechliche Zeichen bemerkt, daß man ihm trauen durfte als einem Menschen, dem sein eigener Charakter wichtig ist. Wir kennen einander sehr gut und wissen recht wohl, wer von uns sich selbst gerecht blieb, und ob das, was wir lehren oder schauen, nur Wunsch und Streben oder auch unser ehrliches Wollen und Tun ist.

Wir alle sind Seelenkenner. Diese Diagnosis liegt zu höchst in unserem Leben, in unseren unbewußten Kräften. Der ganze Verkehr der Gesellschaft – ihr Handel, ihre Religion, ihre Freundschaften und ihre Streitigkeiten – ist eine weise Prüfung, ein Tribunal der Persönlichkeiten. In voller Sitzung wie im kleinen Ausschuß, zu zweien von Angesicht zu Angesicht einander gegenübergestellt, Kläger und Beklagter, bieten sich alle selbst dem Gerichte dar. Gegen ihren Willen zeigen sie jene entscheidenden Kleinigkeiten, in denen die Persönlichkeit gelesen wird. Aber wer richtet? und was? Nicht unser Verstand. Wir lesen sie nicht, weil wir es gelernt oder studiert haben. Nein, die Weisheit des Weisen liegt darin, daß er sie *nicht* richtet; er läßt sie selber sich richten und liest und verzeichnet nur ihren eigenen Wahrspruch.

Kraft dieser unvermeidlichen Wesensgemäßheit wird

jeder abweichende Einzelwille überwältigt, und trotz unserem Bemühen und unserer Unvollkommenheiten spricht dein Genius aus dir und meiner aus mir. Das, was wir sind, das können wir lehren, nicht weil wir es wollen, sondern unwillkürlich. Die Gedanken ziehen in unseren Geist auf Straßen, die wir nie offen gelassen, und Gedanken ziehen aus unserem Geist hinaus auf Straßen, die wir nie willkürlich geöffnet haben. Unsere Persönlichkeit spricht über unseren Kopf hinweg. Das unfehlbare Zeichen wahren Fortschritts wird im Ton gefunden, der dem Menschen eigen ist. Weder sein Alter, noch seine Erziehung, noch Gesellschaft, noch Bücher, noch Handlungen, noch Talent, noch alle zusammen genommen können verhindern, daß er einem höheren Geiste unterworfen sei, als sein eigener ist. Solange er nicht in Gott seine Heimat gefunden hat, werden seine Manieren, seine Art zu sprechen, die Wendungen seiner Aussprüche, der Bau all seiner Meinungen, möchte ich sagen, es unwillkürlich verraten, er mag dagegen trotzen, so viel er will. Wenn er sein Zentrum gefunden hat, wird die Gottheit durch alle Verkleidungen der Unwissenheit, eines ungenialen Temperaments, und ungünstiger Verhältnisse hindurch, durch ihn hervorleuchten. Ein anderer ist der Ton des Suchens und ein anderer der des Habens.

Der große Unterschied zwischen den beiden Gattungen theologischer oder literarischer Lehrer – zwischen Dichtern wie Herbert und Dichtern wie Pope – zwischen Philosophen wie Spinoza, Kant und Coleridge und Philosophen wie Locke, Paley, Mackintosh und Stewart, – zwischen Weltleuten, die man für vollendete Sprecher hielt, und irgendeinem glühenden Mystiker, der, halb wahnsinnig unter der Unendlichkeit seiner Gedanken, seine prophetenhaften Weisen spricht, ist der, daß die eine Klasse *von innen heraus* oder aus Erfahrung spricht, als solche, die an dem Faktum teil haben und Mitbesitzer sind; und die anderen *von außen* als bloße Zuschauer, oder höchstens als solche, die das Faktum aus dem Zeugnis eines Dritten kennen. Es nützt mir aber nichts, wenn mir einer von außen predigt. Das kann ich zu leicht selber tun. Jesus spricht immer von innen heraus und in einem Grade, der alle anderen übersteigt. Darin liegt das Wunder. Ich glaube im voraus, daß es so sein muß. Alle Menschen warten beständig auf die Erscheinung solch eines Lehrers. Aber wenn ein Mensch nicht von jenseits des Schleiers sprechen kann, von dort, wo das Wort eins mit dem ist, wovon es sagt, dann soll er es demütig bekennen.

Dieselbe Allwissenheit strömt in den Intellekt und erzeugt das, was wir Genie nennen. Vieles von der Weisheit der Welt ist nicht Weisheit und die erleuchtetsten Menschen stehen zweifellos über allem schriftstellerischen Ruhm und schreiben nicht. Unter der Menge von Autoren und Gelehrten fühlen wir keine heiligende Gegenwart; wir empfinden eher eine gewisse Geschicklichkeit und gewisse Kunstgriffe als Inspiration; sie haben ein Licht und wissen nicht, woher es kommt, und nennen es ihr eigen; ihr Talent liegt in irgendeiner übertriebenen Fähigkeit, irgendeinem hypertrophischen Glied, so daß ihre Stärke eigentlich eine Krankheit ist. In solchen Fällen machen geistige Gaben nicht den Eindruck einer Tugend, sondern fast den eines Lasters; und wir fühlen, daß die Talente eines Menschen ihm beim Fortschreiten zur Wahrheit im Wege stehen können. Aber das Genie ist religiös. Es ist ein mächtigeres Aufnehmen des gemeinsamen Herzens. Es ist keine Anomalie, und nicht den anderen Menschen minder gleich, sondern ihnen am nächsten. In allen großen Dichtern ist eine allgemein menschliche Weisheit, die höher steht als all ihre Talente. Der Autor, der witzige Kopf, der Elegant, der Parteimann kann nicht den Menschen ersetzen. Das Menschliche ist es, das aus Homer, aus Cheucer, aus Spenser, aus Shakespeare, aus Milton leuchtet. Die Wahrheit ist ihnen genug. Sie gebrauchen den Positiv, wo andere zum Superlativ greifen. Sie erscheinen denen kalt und phlegmatisch, deren Gaumen mit der frenetischen Leidenschaft und den heftigen Farben geringerer, aber volkstümlicher Autoren gewürzt ist. Denn sie wurden zu Dichtern infolge des freien Strömens, das sie der bildenden Weltseele gestatteten, die nun die Dinge, die sie geschaffen, durch ihre Augen wieder schaut und segnet. Der Geist steht über seinem eigenen Wissen, ist weiser als alle Werke, die er schafft. Der große Dichter läßt uns unseren eigenen Reichtum empfinden, und wir denken nicht so sehr an seine Kompositionen. Das Beste, was er unserm Geist mitteilen kann, ist, daß er uns lehre, alles zu verachten, was er getan hat. Shakespeare läßt eine so erhabene Melodie vom Wirken und Schaffen des Geistes an unser Ohr tönen, daß er uns einen Reichtum ahnen läßt, vor dem selbst der seine ein Bettel wird; und nun fühlen wir erst, daß die glänzenden Werke, die er geschaffen und die wir in anderen Stunden als eine Poesie, die in der Welt eine Sonderexistenz führt, deren Endwerk in ihr selbst liegt, preisen, von der wirklichen Natur nicht mehr in sich trägt, als der Schatten, den ein vorübergehender Wanderer auf den Felsen wirft. Die Inspiration, die in Hamlet und Lear ihren Ausdruck fand, die könnte ja wohl Tag für Tag ohne Ende ebenso Herrliches zum Ausdruck bringen. Warum also sollte ich von Hamlet und Lear so viel Wesens machen, als ob wir nicht am Geiste teilhätten, von dem sie fielen, wie Silben von der Zunge?

Diese Kraft aber strömt in das individuelle Leben nur unter einer Bedingung: der des vollständigen Besitzes. Sie kommt zu den Demütigungen und Einfachen, sie kommt zu dem, der alles abzutun bereit ist, was fremd und stolz ist, sie kommt als innere Erkenntnis, als ein Schauen, sie kommt als Heiterkeit und Größe. Wenn wir diejenigen sehen, in denen sie wohnt, dann lernen wir neue Grade menschlicher Größe kennen. Von solcher Inspiration kehrt der Mensch mit einem völlig veränderten Tone zurück. Er schwatzt nicht mehr mit den Menschen mit Rücksicht auf ihre Meinung. Er prüft sie. Sie verlangt von uns, daß wir einfach und wahr seien. Der eitle Reisende versucht seinem Leben einen Aufputz zu geben, indem er den Lord und den Prinzen und die Grafen zitiert, die dies zu *ihm* gesprochen oder so sich gegen *ihn* benommen hätten. Der ehrgeizige Pöbel zeigt seine Silberlöffel und Broschen und Ringe, und hebt die Karten und Komplimente auf, die er empfangen. Die Gebildeteren lesen für die Berichte über ihre eigene Erfahrung die gefälligen und poetischen Ereignisse aus – ihren Aufenthalt in Rom, den großen Mann, den sie gesehen, den berühmten Freund, den sie kennen; und weiterhin vielleicht die großartige Landschaft, die Bergbeleuchtung, die Berggedanken, die sie gestern genossen, und suchen so ein romantisches Licht auf ihr Leben zu werfen. Aber die Seele, die so hoch gestiegen ist, um den großen Gott zu verehren, ist einfach und wahr, sie hat keine Rosenfarben, keine eleganten Freunde, keine Abenteuer, kein Rittertum, sie begehrt nicht nach eurer Bewunderung, sie ist in der Stunde zu Hause, die jetzt ist, in der ernsten Erfahrung des gewöhnlichen Tages, weil der Moment und die Kleinigkeit für den Geist porös geraten sind und vom Lichtmeer eingesogen haben.

Sowie wir mit einem Geiste von erhabener Einfachheit sprechen, erscheint die ganze Literatur wie Wortklauberei. Die einfachsten Äußerungen würden am meisten verdienen, aufgeschrieben zu werden, aber sie sind so billig, etwas so Gewöhnliches, daß es bei dem unendlichen Reichtum der Seele nicht anders wäre, als würde man ein paar Schollen vom Erdboden auflesen, oder ein wenig Luft in ein Fläschchen fassen, wenn die ganze Erde und die ganze Atmosphäre unser sind. Nichts kann da eindringen, nichts euch in diesen Kreis einführen, als all euer Fallenstellen beiseite zu lassen, und von Mensch zu Menschen in nackter Wahrheit, geradem Bekenntnis und allwissender Sicherheit zu verkehren.

Seelen von solcher Art behandeln die andern, wie Götter es täten, wandeln über die Erde wie Götter, nehmen deinen Witz, deine Güte, ja deine sittliche Vollkommenheit ohne Bewunderung auf – wie eine simple Pflicht, denn in deiner Vollkommenheit erkennen sie ihr eigenes Blut, königlich wie sie selber und überköniglich, und Stammvater der Götter. Aber wie vernichtend trifft ihr einfaches brüderliches Gebaren die gegenseitige Schmeichelei, mit der Autoren einander trösten und einander verwunden! Jene schmeicheln nicht. Ich wundere mich nicht, daß diese Leute gehen und Cromwell aufsuchen und Christine und Karl den Zweiten und Jakob den Ersten und den Großtürken. Denn sie sind in ihrer eigenen Erhebung die Genossen von Königen und müssen den servilen Ton empfinden, von dem die Gespräche der Welt beherrscht sind. Sie müssen den Fürsten stets wie eine Gottesgabe erscheinen, denn sie treten ihnen entgegen, wie ein König dem andern, ohne Kriecherei, ohne Konzession, und bieten jeder hohen Natur die Erfrischung und Befriedigung des Widerstandes, der einfachen Menschlichkeit, ebenbürtiger Gesellschaft und neuer Ideen. Wenn sie gehen, sind jene weiser und bedeutender geworden. Seelen solcher Art lassen uns fühlen, daß Aufrichtigkeit wertvoller ist als Schmeichelei. Gehe mit Mann und Weib so gerade um, daß du sie zur äußersten Aufrichtigkeit zwingest und alle Hoffnung, mit dir zu spielen, vernichtest. Es ist das höchste Kompliment, das du erweisen kannst. Ihr »höchstes Lob«, sagte Milton, »ist nicht Schmeichelei, und ihr einfachster Rat ist eine Art von Lob.«

Unaussprechlich ist die Vereinung von Gott und Mensch in jedem Akte der *Seele*. Der einfachste Mensch, der in seiner Sündlosigkeit Gott verehrt, wird selbst Gott; und doch ist das Einströmen dieses besseren und universellen Ichs immer wieder neu und unerforschlich. Es bewegt uns mit ehrfürchtigem Staunen. Wie teuer, wie beruhigend, für den Menschen steigt der Gedanke an Gott empor, bevölkert den einsamen Platz, glättet die Narben unserer Irrtümer und Enttäuschungen fort! Wenn wir einmal den Gott unserer Tradition zerbrochen und mit dem Gott unserer Rhetorik geendet haben, dann mag Gott mit seiner Gegenwart das Herz in Flammen setzen. Es ist ein Zwiefachwerden des Herzens selbst, nein, eine unendliche Erweiterung des Herzens, eine Macht des Wachstums zur Unendlichkeit nach jeder Seite. Sie erfüllt den Menschen mit unerschütterlichem Vertrauen. Er hat nicht die Überzeugung, sondern die Erkenntnis – er sieht, daß das Beste das Wahre ist, und kann in diesem

Bewußtsein leicht alle Ungewißheiten, alle Besorgnisse fahren lassen, und die Lösung all der Rätsel, die ihn als einzelnen angehen, der sicheren Offenbarung der Zeit überlassen. Er kann ganz sicher sein, daß seine Wohlfahrt dem Herzen des Seins teuer ist. Da das Weltgesetz seinem Geiste gegenwärtig ist, fühlt er sich von einem so allumfassenden Vertrauen durchflutet, daß es seine geliebtesten Hoffnungen, seine festesten Pläne, die seiner sterblichen Lage gelten, in seiner Flut davonträgt. Er weiß, daß er dem, was gut für ihn ist, nicht entgehen kann. Die Dinge, die wirklich für dich da sind, streben wie durch Gravitation dir zu. Du läufst, um deinen Freund zu suchen? Laß deine Füße laufen, aber nicht deinen Geist! Wenn du ihn nicht findest, willst du nicht ruhig erkennen, daß es für dich das Beste war, ihn nicht zu finden? Denn es ist eine Kraft, die so wie sie in dir ist, auch in ihm ist und die euch darum recht gut zusammenbringen könnte, wenn es fürs Beste wäre. Du bereitest dich mit Eifer vor, zu gehen und einen Dienst zu erweisen, zu dem Talent und Neigung dich laden und Liebe der Menschen und Hoffnung auf Ruhm? Ist es dir nie eingefallen, daß du kein Recht zu gehen hast, wenn du nicht ebenso bereit und willig bist, nicht zu gehen? O glaube, so wahr du lebst, daß jeder Ton, der rings in der runden Welt gesprochen wird und den du hören solltest, noch an dein Ohr klingen wird! Jedes Sprichwort, jedes Buch, jeder Ausdruck, der dir zur Hilfe und zum Troste angehört, wird sicherlich auf geraden oder gewundenen Pfaden zu dir gelangen. Jeder Freund, den nicht dein phantastischer Wunsch, sondern das große und zärtliche Herz in dir verlangt, wird dich in seine Arme schließen. Und dies, weil das Herz in dir das Herz aller ist; kein Ventil, keine Mauer, keinen Abschnitt gibt es irgendwo in der Natur, sondern ein Blut rollt ununterbrochen in endlosem Kreislauf durch alle Menschen, so wie das Wasser des Erdballs nur ein großes Meer und seine Flutbewegung, richtig geschaut, nur eine ist.

So möge denn der Mensch die Offenbarungen erkennen, welche die ganze Natur und alles Denken seinem Herzen künden, nämlich dies, daß das Höchste bei ihm weilet; daß die Urquellen der Natur in seinem eigenen Geiste sind, sobald das Gefühl und die Erkenntnis der Pflicht in ihm sind. Aber wenn er wissen will, was der große Gott spricht, dann muß er »in sein Kämmerlein gehen und die Tür hinter sich schließen«, wie Jesus sagte. Feiglingen will Gott sich nicht offenbar machen. Er muß auf sich selber lauschen, groß und ganz, und sich von allen Akzenten der gewöhnlichen Gottesverehrung der Leute lösen. Selbst Gebete sind schädlich, so lang wir uns nicht unsere eigenen Gebete verfaßt haben. Unsere Religion, die Religion der Menge stützt sich auf die Zahl ihrer Anhänger. Sooft nun – wie indirekt es auch geschehen möge – an die Zahl appelliert wird, sie ist da und damit proklamiert, daß eine Religion hier nicht vorhanden ist. Wer Gott als einen süßen, rings umhüllenden Gedanken erkennt, der zählt nicht, wie viele sich in seiner Gesellschaft befinden. Wenn das Ungeheuere mit mir ist, wer soll denn einzutreten wagen? Wenn ich ruhe in vollkommener Demut, wenn ich brenne vor reiner Liebe, was können Calvin und Swedenborg mir sagen?

Es macht keinen Unterschied, ob man sich auf Zahlen oder auf einen einzigen beruft. Der Glaube, der auf Autorität beruht, ist kein Glaube. Die Bedeutung der Autorität ist das Maß für den Verfall der Religion, das Maß dafür, wie sehr der Geist bereits aus ihr entwichen ist. Die Stellung, welche die Menschen nun seit so vielen Jahrhunderten der Geschichte Jesus angewiesen haben, ist eine Stellung der Autorität. Das ist nur für sie selber charakteristisch, die ewigen Tatsachen kann es nicht ändern. Groß ist die Seele und einfach. Sie schmeichelt nicht, sie geht niemand nach, sie beruft sich niemals auf andere als auf sich selbst. Sie glaubt an sich selbst. Vor den ungeheueren Möglichkeiten der Menschheit schrumpft alle bloße Erfahrung, alle Biographie der Vergangenheit, wie fleckenlos, wie geheiligt sie sein mag, zu nichts zusammen. Angesichts jenes Himmels, den unsere Ahnungen uns vorauserkennen lassen, können wir nicht leicht irgend eine Lebensform preisen, die wir gesehen oder von der wir gelesen haben. Wir behaupten nicht nur, daß wir wenige große Männer haben, sondern daß wir, absolut gesprochen, keine haben; daß wir keine Geschichte, keinen Bericht von irgendeiner Persönlichkeit, irgendeiner Lebensführung haben, die uns völlig befriedigt.

Die Heiligen und Halbgötter, welche die Weltgeschichte anbetet, können wir nur mit einem Körnchen von Nachsicht akzeptieren. Obgleich wir in öden Stunden neue Kraft aus der Erinnerung an sie schöpfen, zu sehr unserer Beachtung aufgedrängt, wie es von seiten der Gedankenlosen und Gewohnheitsmenschen geschieht, werden sie ermüdend und störend. Die Seele gibt sich unvermengt, aus sich selbst strömend, und rein dem Einsamen, in sich selber Ruhenden und Reinen hin, der auf diese Bedingung fröhlich in ihr wohnt, durch sie spricht und durch sie leitet. Dann zeigt sie sich fröhlich, jung und behende. Sie ist nicht weise, aber sie schaut durch alle Dinge. Sie kann nicht religiös genannt werden, sondern ihr Name ist Unschuld. Sie nennt das Licht ihr eigen und fühlt, daß das Wachsen des Grases und das Fallen der Sterne nach einem Gesetze vor sich geht, das niederer ist als ihr eigenes und von ihm abhängt. Siehe, spricht sie, ich bin in den großen, allumfassenden Geist geboren. Ich, das Unvollkommene, bete das Vollkommene an, das ich sein muß. Irgendwie empfange ich aus der großen Seele, und dadurch vermag ich die Sonne und die Sterne zu überblicken und zu empfinden, daß sie nur schöne Akzidentien und Wirkungen sind, die wechseln und vorübergehen. Mehr und mehr treten die brandenden Wogen dessen, was ewig ist, in mich ein und meine Anschauungen wie meine Handlungen werden menschlich und allgemein. So gelange ich dahin, in unsterblichen Gedanken zu leben und mit unsterblichen Energien zu handeln. So in Ehrfurcht die Seele erkennend, und erkennend, wie die Alten sagten, »daß ihre Schönheit unermeßlich ist«, wird der Mensch auch dahin gelangen, zu erkennen, daß die Welt das fortwährende Wunder ist, das die Seele schafft, und wird über Einzelwunder weniger erstaunen; er wird erfahren, daß es keine profane Geschichte gibt, daß alle Geschichte heilig ist, daß das Weltall bereits in einem Moment, in einem Augenblick sich darstellt. Dann wird er nicht länger ein buntscheckiges Leben aus Flecken und Stücken weben, sondern in göttlicher Einheit leben. Er wird mit allem enden, was in seinem Leben frivol und niedrig ist, und mit jeder Stelle zufrieden sein, und mit jedem Dienste, den er leisten kann. Und er wird ruhig dem morgigen Tag die Stirne bieten mit der ganzen Gelassenheit jenes Vertrauens, das da Gott mit sich trägt und so die ganze Zukunft bereits im Grunde des Herzens hat.

Über den Krieg

Die neuere Philosophie beschäftigt sich mit Vorliebe damit, einen stufenweisen Fortschritt der Menschheit nachzuweisen, zu beobachten, wie ein Gedanke zunächst in dem Geist eines einzelnen auftaucht, dann einige wenige ergreift, hierauf einen etwas größern Kreis, wie er sich immer weiter ausbreitet, schließlich Allgemeingut wird und sich der Welt dadurch kundgibt, daß er die bestehenden Gesetze und Einrichtungen zerstört und neue ins Leben treten heißt. Von dieser höheren Warte eines allgemeinen und geschichtlichen Standpunktes aus betrachtet, tragen die Dinge ein ganz anderes Gepräge, als wenn man sie in der Nähe und im einzelnen beobachtet. Dies gilt ganz besonders – vom Kriege. Während Menschen mit gesunden Sinnen heutzutage den Krieg als eine epidemische Tollheit ansehen, die hie und da ausbricht, wie etwa die Cholera oder die Influenza, – mit dem einzigen Unterschied, daß seine Bazillen das Hirn, statt der Eingeweide vergiften, – erscheint er uns in einer fernen Vergangenheit als ein integrierender, in seiner Art notwendiger Bestandteil im Zusammenhang der Ereignisse.

Soweit uns die allmähliche Entwicklung irgendeines wilden Völkerstammes von der Geschichte übermittelt worden ist, will es uns scheinen, als wären Krieger unter solchen ungezügelten, leidenschaftlichen, von tausend unbefriedigten Bedürfnissen bewegten und dabei starken Geschöpfen gar nicht zu vermeiden gewesen. Denn in dem Kindheitsstadium der menschlichen Gesellschaft, da eine schwachgesäte Bevölkerung und ein Mangel an Erfahrung noch nicht genügend für Nahrung und Obdach Sorge zu tragen weiß, und da Hunger, Durst, körperliche Schmerzen und erfrorene Glieder die geistigen und seelischen Bedürfnisse noch in den Hintergrund treten lassen, wird sich der stärkere Wille naturgemäß auf Kosten des schwächeren Geltung zu verschaffen wissen, welche Art künftiger Vergeltung er auch damit heraufbeschwören mag. Auch ist es klar, daß mit dem ersten Heraufdämmern eines religiösen Gefühls, sich solches mit ihren Leidenschaften verbinde und Öl ins Feuer gieße. Es hat nicht nur jeder Stamm seine Kriegsgötter und seine religiösen Siegesfeste –, es hat auch jeder seine *Religionskriege*.

Der Geschichtsforscher nimmt dieses übermäßige Blutvergießen früherer Jahrhunderte, zumal eines Blutvergießens im Namen Gottes, um so bereitwilliger als etwas Unvermeidliches hin, als er weiß, es handelt sich um einen vorbereitenden und vorübergehenden Zustand, der tatsächlich der Kultur förderlich ist. Der Krieg erzieht die Sinne, setzt den Willen in Tat um, stählt den Körper und bringt die Menschen in kritischen Augenblicken in so rasche und unmittelbare Berührung, daß es gilt, sich Mann an Mann zu messen. Auf seinem eigenen Gebiet, bei den Tugenden, die er liebt, duldet er keine Spiegelfechterei, er schüttelt vielmehr die ganze Gesellschaft bunt durcheinander, bis jedes Atom, den Gesetzen seiner eigenen Schwere gehorchend, an die ihm gebührende Stelle fällt. Der Wert gesunden Menschenverstands und weiser Voraussicht kann ihm nicht lange verborgen bleiben, und er weist Odysseus den Platz unmittelbar neben Achilles an. Seine Führer, auserlesene Männer, deren Mut und Tatkraft in fünfzig Schlachten geprüft und bewährt worden ist, brennen vor Eifer, es einer dem andern an neuen Verdiensten, an Großmut, Gastlichkeit, einem glänzenden Auftreten vorauszutun. Das Volk eifert seinen Führern nach. Der starke Volksstamm, in dem der Krieg zur Kunst ausgebildet worden ist, greift seine Nachbarn an, besiegt sie und lehrt sie seine Geschicklichkeit und seine Tugenden. Ein erweitertes Gebiet, vergrößerte Heere und ein umfassenderer Interessenkreis ruft neue Kräfte und Fähigkeiten wach, und der Stamm gewinnt zusehends an Bedeutung. Und schließlich, nachdem er sich mehr und mehr vervollkommnet hat, trägt sein Einfallen in fremde Gebiete alle Geheimnisse seiner Weisheit und seiner Künste, als edle Aussaat, in neue Gefilde. In seinem Aufsatz über die Erfolge Alexanders nennt Plutarch die Eroberung und Unterwerfung des Ostens durch Alexander eine der schönsten und anziehendsten Seiten der Geschichte; und man kann nicht leugnen, daß er seine Ansicht aufs glücklichste begründet. Das Ergebnis dieser Eroberungen war eine Vereinigung der bisher getrennten Gemeinwesen ganz Griechenlands zu einer einzigen großen Interessengemeinschaft und die Erfüllung ihrer Ratsversammlungen mit einem neuen und weiterblickenden Geist. Sie trugen die Künste, die Sprache und die Philosophie der Griechen unter die noch in Schlummer und Barbarei versunkenen Völkerstämme Persiens, Assyriens und Indiens. Stämme, die bisher nichts als Jagd und Viehzucht gekannt hatten, lehrten sie die Künste des Ackerbaues. Die Skythen und Perser entwöhnten sie von manchen grausamen und wilden Gepflogenheiten und lehrten sie ein gesittetes Leben. Sie führten die Heiligkeit der Ehe bei ihnen ein. Siebzig neue Städte waren das Ergebnis dieser Eroberungen, und in ganz Asien herrschten fortan griechische Sitten und menschlichere Gesetze, die feindliche Nationen unter dem gleichen religiösen Bekenntnis vereinigten. Verschiedene Familien des Menschengeschlechts wurden auf solche Weise zusammengebracht, und führte diese Vereinigung auch zuerst zu Schlägen, allmählich kam es doch zu einem Waffenstillstand zwischen ihnen, zu Handelsbeziehungen und zu Heiraten. Es würde ein Leichtes sein, analoge Vorteile als Ergebnis kriegerischer Bewegungen späterer Jahrhunderte nachzuweisen.

Derartige Betrachtungen führen uns dazu, einen der Bedeutung und der Natur des Krieges gegenüber gerechten Standpunkt zu gewinnen. Wir sehen ihn als den Mittelpunkt der gesamten Geschichte, als die

Hauptbeschäftigung der berühmtesten Leute; wir beobachten, wie er noch heutzutage die Begeisterung der halben Welt erregt, fast aller jungen, unerfahrenen Personen; wir verfolgen ihn in dem fortwährenden Schauspiel der stummen Natur, wo sich die verschiedenen Gattungen oder die einzelnen Individuen der gleichen Gattung unaufhörlich befehden. Das Mikroskop offenbart uns ein stetes Gegeneinanderrasen der Atome. Wir sehen in einem durchleuchteten Wassertropfen unermeßlich kleine Lebewesen gegeneinander anschwimmen und kämpfen, und dieser kleine Weltball ist ein nur allzu getreues Abbild des großen.

Was bedeutet all dieser Krieg, der auf den niedersten Stufen der Schöpfung beginnt und bis zum Menschen heraufreicht? Vertritt er nicht offenbar ein großes und wohltätiges Lebensprinzip, das der Natur sehr am Herzen liegt? Was für ein Prinzip ist das? Das der Selbsterhaltung! Mit dem Leben zugleich pflanzt die Natur jeglichem Geschöpf den Trieb der Selbsterhaltung ein, das stete Bestreben, zu sein, jeglichen Widerstand zu überwinden, seine Freiheit zu wahren und sich ein dauerndes, gesichertes und wohlbehütetes Dasein zu bewahren. Und jeglichem Geschöpf sind diese Ziele so erstrebenswert, daß es immer wieder sein Leben dafür einsetzt, sie zu erringen.

So tief aber auch dieses Grundgesetz mit dem Sein jedes einzelnen Wesens verwoben ist, so ist es doch immerhin nur ein einzelner Trieb, und, obschon einer der ersten, ja, der Urtrieb, so wird er dennoch gemildert und in Schach gehalten, sobald die andern Triebe auf der Bildfläche erscheinen. Sie lenken alsbald seine Kräfte in harmlose, nützliche und edle Bahnen, zeigen, welcher Zweck jenem Triebe tiefsten Grundes innewohnt und berauben ihn schließlich seiner Giftzähne. Sehr früh entfaltet sich der Trieb der Selbsterhaltung unter der rohen und brutalen Form des Krieges; es geschieht dies, solange die andern Triebe noch kindisch und unbeholfen sind, und dauert bis zu deren voller Entfaltung. Was in der Menschheit zum Kriege drängt, ist ihr kindlichster, ihr unerfahrenster Teil. Ein leerer und kindischer Sinn begehrt nach derartigen Reizmitteln, und alle Knaben haben einen Hang, Katzen zu töten. Stiergefechte, Hahnenkämpfe und Wettringen sind die Freuden desjenigen Teiles der menschlichen Gesellschaft, dessen animalische Seite bisher die einzig entwickelte ist. In einigen Teilen unseres Landes, wo die moralischen und geistigen Fähigkeiten bisher noch fast gänzlich brach liegen, ist der Brennpunkt jeglicher Unterhaltung das Prügeln. Wer hat miteinander gerauft, und wer ist geprügelt worden? Der einzige Zug an einem Mann, einem Knaben oder einem Tier, der diese Leute interessiert, ist deren Kampflust. Warum das? Weil ihnen jeder andere Zug männlicher Tatkraft und männlicher Tugend fernliegt. Sie wissen nichts von Ausdauer, Duldsamkeit, nichts von Güte oder von Wahrheitsliebe. Versetzt derartige Leute in einen Kreis gebildeter Menschen, deren Unterhaltung um die großen Fragen kreist, an denen

die menschliche Vernunft herumrätselt, und er wird sich so stumm und unbehaglich unter ihnen fühlen, wie ein Indianer in einer Kirche.
Für gesetzte und reife Menschen dagegen, die Bildung und geistige Regsamkeit besitzen, haben die Einzelheiten eines Kampfes etwas unerträglich Langweiliges und Empörendes. Ihnen ist eine derartige Unterhaltung nichts anderes als das Geschwätz irgendwelcher Monomanen, wie wir ihnen gelegentlich in Gesellschaft begegnen, die von nichts anderem als von Pferden sprechen können. Fontanelle sagt ganze Bände, wenn er erklärt: »Ich hasse den Krieg, denn er verdirbt jegliche Unterhaltung.«
Nichts ist charakteristischer, als daß die Sympathie für den Krieg ein Vorrecht der Jugend, und daß sie etwas Vorübergehendes ist. Nicht nur das moralische Empfinden bäumt sich dagegen auf –, Handel, Gewerbe, Wissenschaft, alles, was irgend im Verkehr der Menschen untereinander eine Rolle spielt, ist einig darin, den Krieg zu bekämpfen. Jedermann weiß, daß Handel und Krieg unversöhnliche Gegner sind. Wo kein Eigentum vorhanden ist, da hängt man den Bettelsack über die Schulter und geht auf die Suche nach Brot. Handel und Gewerbe aber wird durch jeden Krieg geschädigt und zerstört. Und überdies, Handel und Gewerbe bringen den Menschen dazu, einander Auge in Auge zu sehen; sie lehren beide Teile, daß ihre Feinde jenseits der See oder jenseits der Berge ebensolche Menschen sind, wie sie selbst, Menschen, die

lachen und Leid tragen, die Furcht und Liebe kennen, wie sie. Und Kunst und Wissenschaft und mehr als alles andere, die Religion, webt Bande zwischen den Völkern, denen gegenüber Krieg aussieht wie Brudermord –, und was ist er im Grunde anderes?! Ist die ganze Geschichte, wie wir gesagt haben, ein Bild des Krieges, so ist sie doch nicht weniger eine Chronik der Beschränkung und Mäßigung der Kriege. Im elften und zwölften Jahrhundert waren die italienischen Städte so volkreich und so stark geworden, daß sie den Landadel zwangen, die Befestigungen ihrer Burgen, dieser Schlupfwinkel schlimmster Grausamkeiten, zu schleifen und ihren Wohnsitz in den Städten aufzuschlagen. Den Päpsten wird es ewig zur Ehre gereichen, daß sie die Tage des »Gottesfriedens« einrichteten, während derer in der gesamten Christenheit die Feindseligkeiten ruhten und den Menschen Zeit blieb, Atem zu schöpfen. Der Fortschritt der Kultur hat mit der Verwendung von Gift und Folter aufgeräumt, die einstmals für so unentbehrlich galten, wie heutzutage die Flotte. Und schließlich hat die Kriegskunst, dank der taktischen Errungenschaften und des Schießpulvers, die Gefechte, wie allgemein eingeräumt wird, weniger häufig und weniger mörderisch gemacht.

Alle diese Ursachen haben zusammengewirkt, die Kriege mehr und mehr einzuschränken. Wir lesen mit Staunen von den grausamen Gefechten alter Zeiten. Noch im Zeitalter Elisabeths war Seeräuberei außerhalb der europäischen Gewässer ganz allgemein.

»Kein Friede jenseits des Äquators«, pflegte man zu sagen, und der Schiffer verheuerte sich seinem Kapitän unter dem Abkommen: »Keine Beute – keine Löhnung!« Der berühmte Cavendish, der seinerzeit für einen guten Christen galt, schrieb bei seiner Rückkehr von einer Reise um die Welt folgendermaßen an Lord Hunsdon: »Es hat Gott, dem Allmächtigen, gefallen, mich den ganzen Erdball umkreisen zu lassen, indem ich zuerst die Magellanstraße und zuletzt das Kap der Guten Hoffnung passierte, auf welcher Reise ich alle reichen Plätze der Welt entweder entdeckt oder, sofern sie irgendein Christ bereits entdeckt hatte, doch gewisse Kunde von ihnen gebracht habe. Ich schiffte an der Küste von Chile, Peru und Neu-Spanien entlang, wo ich große Plünderungen vorgenommen habe. *Neunzehn Schiffe habe ich verbrannt und in den Grund gebohrt, kleine und große. Sämtliche Städte und Dörfer, die ich anlief, habe ich niedergebrannt und geplündert.* Und wäre ich nicht an der Küste aufgespürt worden, so würde ich riesige Schätze erbeutet haben. Mein bestes Stück war ein großes Schiff des Königs, das ich in Kalifornien wegnahm« usw. Und der gute Cavendish beginnt doch seine Schilderung mit den frommen Worten: »Es hat Gott, dem Allmächtigen, gefallen.«

Unsere amerikanischen Jahrbücher verzeichnen – leider – Spuren barbarischer Kriegführung sehr viel jüngeren Datums. So las ich in Williams »Geschichte von Maine«, daß »Assacombuit, der Häuptling der Anagunticooks«, alle anderen bekannten Indianer an Wildheit und Grausamkeit übertreffe. Im Jahre 1705 habe ihn Vaudreuil nach Frankreich gesandt, wo er dem König vorgestellt wurde. Als er bei Hofe erschien, erhob er die Hand und sagte: »Diese Hand hat innerhalb der Gebiete Neu-Englands hundertundfünfzig Feinde Eurer Majestät erschlagen!« Solches gefiel dem Könige dermaßen, daß er ihm den Ritterschlag erteilte und ihm eine lebenslängliche Rente von acht Lire täglich aussetzte. Diese schätzenswerte Persönlichkeit verfiel nach ihrer Rückkehr nach Amerika auf den Gedanken, die eigenen Nachbarn und Anverwandten zu töten und gab sich dieser Liebhaberei mit solchem Eifer hin, daß sich sein Stamm alsbald gegen ihn verbündete und ihn getötet haben würde, wenn er nicht aus seinem Heimatland geflohen wäre, um niemals wiederzukehren.

Die Empörung, die uns solchen Tatsachen gegenüber ergreift, beweist, daß wir bereits ein wenig vorwärts gekommen sind. Die ganze Geschichte berichtet vom Niedergang der Kriege, wenn schon von einem sehr allmählichen. Was die menschliche Gesellschaft bisher erreicht hat, ist eine gewisse Einschränkung; die Lehre von der Berechtigung der Kriege ist noch nicht erschüttert.

Durch Jahrhunderte (denn Gedanken brauchen Jahrhunderte und wachsen in Generationen von Menschen) hat sich die zivilisierende Menschheit die – wie soll ich sagen? – Tyrannei dieser ersten brutalen Form, die das Ringen um ihre Menschenrechte annahm,

gefallen lassen; das heißt, durch Jahrhunderte hat sie in dieser Hinsicht das Triebleben der niederen Tiere, der Tiger, der Haifische, der Wilden und der Bewohner des Wassertropfens geteilt. Alles Gute und alles Böse, das die Form umschließt, hat sie in diesem Zeitraum gewissermaßen erschöpft, hat diese ihre Schmach so fest umklammert, wie es ihr der ärgste Feind nur irgend hätte wünschen können. Aber alles hat einmal ein Ende, und so auch dies. Der ewige Keim eines zum Besseren Reifens hat neue Kräfte, neue Instinkte entfaltet, die in Wahrheit bereits unter dieser rauhen, armseligen Rinde schlummerten. In einer und der anderen glücklichen Seele an verschiedenen Enden der Erde ist der göttlichschöne Gedanke aufgetaucht: Kann nicht die Liebe so gut wie der Haß das Feld behaupten? Würde Liebe nicht das gleiche oder gar ein noch Besseres erreichen können? Sollte es nicht möglich sein, daß statt des Krieges der Friede herrsche?
Dieser Gedanke ist nicht die Erfindung irgendeines Menschen, etwa St. Pierres oder Rousseaus, nein, er ist aus den allgemeinen Fluten der Menschenseele geboren, – am lebendigsten aber regte er sich und zeigt sich am ersten in den reinsten und schlichtesten Seelen, und sie sind es daher auch, die ihn uns zuerst kundgetan haben. Schon aber gewahren wir ihn alle. Schon ist es ein Gedanke, der der gesamten Menschheit vertraut geworden ist, schon schließen sich ganze Gesellschaften zusammen, um ihn zu fördern. Man erläutert, man illustriert, man erwägt ihn mit größerer oder geringerer

Klarheit, – und seine Verwirklichung oder die Maßnahmen, die zum Herbeiführen einer solchen ergriffen werden könnten, werden je nach der Sehergabe des Propheten, der sich für ihn begeistert, vorhergesagt.
Die Idee an sich verleiht der Zeit, in der wir leben, ihr Gepräge. Die Tatsache allein, daß sie einen Kreis von Menschen so bis ins tiefste beschäftigt, daß sie zum Gegenstand ihrer Gebete und ihrer Hoffnungen, ihres Zusammenwirkens und ihres lebhaften Austausches geworden ist, – beweist ihr lebendiges Sein. Hat sie soviel erreicht, wird sie auch weiter vordringen. Revolutionen kennen kein Rückwärts. Mag zunächst nur ein einziger Mensch unserer Hemisphäre die oberen Strahlen eines neuen Gestirns an unserem Horizont haben auftauchen sehen, ist es einmal aufgegangen, wird es steigen und steigen, bis es auch andern Menschen, ja, bis es großen Scharen sichtbar wird und schließlich zum Zenit aller emporklimmt. Es kommt nicht darauf an, wie lange sich die Menschen sträuben, an den Advent des Friedens zu glauben: schon liegt der Krieg in den letzten Zügen, und so gewiß die Kultur über die Barbarei und ein liberales Regiment über die Zeit der Hörigkeit den Sieg davon getragen hat, so gewiß wird sich das Reich des Friedens einmal über die ganze Welt dehnen. Es fragt sich nur *wie bald*?
Daß der Gedanke eines ewigen Friedens einer großen Anzahl verständiger Leute einstweilen nur ein Traumbild, ja, daß er manchen lächerlich und den Ernsten und Gütigen praktisch unendlich schwer durchführbar

erscheint, – das ist nur allzu natürlich. Da heißt es: »Ach, was für eine öde langweilige Gesellschaft ihr seid! Wahrhaftig, wir sehen nicht ein, was ihr eigentlich wollt?! Friede! Ja, gewiß! Aber wir haben ja Frieden! Wenn uns wieder eine fremde Nation mutwillig beleidigen oder unsere Handelsbeziehungen stören sollte, schlimmer noch, wenn sie gar unsere Küsten, unser ganzes Land mit Raub und Mord überziehen wollte, was meint ihr, sollen wir dann ruhig dasitzen und uns berauben und hinmetzeln lassen? Ihr verkennt unsere Zeit, ihr überschätzt die Menschen! Ihr vergeßt, daß die Ruhe, die jetzt über Stadt und Land lagert, die uns erlaubt, unsere Waren ohne Bedeckung von Ort zu Ort zu schaffen und unsere Landsitze unbefestigt zu lassen, auf der absoluten Gewißheit begründet ist, daß Schwert, Handschellen und Galgen dahinter stehen, die jeden Friedensstörer sofort zur Rechenschaft ziehen werden. Gewiß, darin sind wir ja alle einig, daß es das allerbeste wäre, wenn die ganze Welt sozusagen eine große Kirche und alle Menschen die edelsten Geschöpfe und mit dieser Regel vollauf einverstanden wären. Aber für eine einzelne Nation ist es Wahnsinn, einen derartigen Versuch zu machen!

Darauf möchten wir zunächst antworten, daß ein Einwand, der nur den gegenwärtigen Zustand der Welt betrifft und im übrigen die Durchführbarkeit, wie die Vortrefflichkeit des Planes vollkommen zugibt, wenig ins Gewicht fallen kann. Das Beste entspricht auch allemal der Wahrheit am meisten und das Wahre, das heißt, das, was dem Wesen des Menschen tiefsten Grundes am entsprechendsten und am wohltuendsten ist, muß schließlich über allen Widerstand und alle Gegnerschaft den Sieg davontragen. Es gibt keine Segnung, deren sich die menschliche Gesellschaft heute erfreut, die nicht einstmals ebenso problematisch und unerreichbar ausgesehen hätte, wie dieses. Alles, was wahrhaft im Interesse der Menschheit liegt, wird zur gegebenen Zeit der Wunsch und das Ziel werden, an deren Erlangung sie alles setzt.

Des weiteren aber schöpft jeder Weise aus der Geschichte diese Lehre, daß es den Gedanken vertrauen gilt, nicht den Verhältnissen. Wir alle sind aufgewachsen unter dem Anblick von Fregatten und Schiffswerften, von Schanzen und Befestigungen, von Waffenlagern und Heerwesen. Aus den Militärlisten jeglicher Nation können wir erfahren, wie viel Tausende oder Millionen von Menschen augenblicklich in all den großen Gebieten Großbritanniens, Rußlands, Österreichs und Frankreichs unter Waffen stehen, mit Entsetzen vergegenwärtigt man sich, um welchen Preis der Friede des Erdballs aufrechterhalten wird. Dieser Riesenapparat von Kanonen, Flotten, Bastionen, Schanzen und Küstenbefestigungen, – dies stete Auf und Ab der Wachen, – dies Flattern der Fahnen, – dies Geschieße am Morgen und am Abend, – diese Militärmusik, dies unaufhörliche Spielen von Märschen und Singen von Kriegs- und Soldatenliedern erscheint uns als eine so überwältigende Wirklichkeit,

daß es uns dünken will, Jahrhunderte dürften darüber hingehen, bis sich alledem gegenüber das armselige Häuflein derer, die den Frieden lieben, Geltung zu schaffen vermöchte.
So lassen wir uns immer wieder durch den äußeren Schein entmutigen, ohne zu bedenken, daß dessen Bedeutung einzig und allein in unserem eigenen Gemüt wurzelt. Letzten Grundes sind doch Gedanken das Fundament dieses ganzen unheilschwangeren Kriegsgebäudes, und Gedanken sind es auch nur, die es einstmals stürzen werden. Jedes Volk und jeder Einzelne tritt nach außen hin solcher Art in die Erscheinung, wie es seinem moralischen oder intellektuellen Zustand entspricht. Man achte nur einmal darauf, wie jede Wahrheit und jeder Irrtum, ja, jeder menschliche Gedanke sich allmählich materialisiert, d. h. sich in Gesellschaften, Häuser, Städte, Sprachen, Gebräuche, Zeitungen umsetzt. Nehmen wir die Gedanken, die heute die Welt bewegen. Orthodoxie, Skeptik, Mission, Volkserziehung, Mäßigkeit, Antisklaverei usw. – jeder einzelne dieser abstrakten Begriffe hat sich innerhalb der menschlichen Gesellschaft mit einem großartigen Aufwand an äußeren Formen verstofflicht; Bauholz, Ziegel, Lehm und Stein haben sich gefällig gestaltet, um dem herrschenden Gedanken in der Seele vieler zum entsprechenden Ausdruck zu verhelfen.
So erfährt man eines Tages von wilden Phantasien, wie sie im Hirn irgendeines Menschen spuken, von unheilschwangeren, heimlich getanen Schwüren. Zwei oder

drei Jahre gehen ins Land, und, siehe da, jener phantastische Gedanke hat sich in große, massive Gebäude von Holz, Stein und Mörtel verwandelt. Hundert Pressen bedrucken Millionen von Blättern; Menschen, Pferde, Räder sind um dieses Gedankens willen in lebhaftester Bewegung, – eine Fülle von Erscheinungen, die samt und sonders dazu dienen, jenes einen Menschen wilde Phantasien in Taten umzusetzen. Etwas Derartiges können wir jedes Jahr, jeden Tag in unserer Umgebung beobachten, und häufig handelt es sich dabei um Nichtigkeiten, um irgendwelche schlauen Einfälle, irgendwelche leeren Spekulationen. Päppelt man sie ein wenig auf, können sie wohl ihre drei, vier Jahre das Leben fristen, bevor sie wieder in ihr Nichts zurücksinken. Taucht aber eine Wahrheit auf – wie zum Beispiel die in dem Hirn des Kolumbus geborene Überzeugung, daß sich in den westlichen Meeren Land finden müsse, so mag dieser Gedanke in ihm allein wirken und von allen übrigen verspottet werden, – dennoch weiß sich diese Wahrheit Schiffe zu erbauen, Flotten auszurüsten, halb Spanien und halb England über den Ozean hinüberzuführen; sie wird sich zu einer Kolonie ausgestalten, zu einem Staat, zu einem Konglomerat von Völkerschaften, ja, zu einem halben Erdball voller Menschen.

Wir pflegen uns, je nachdem es unserer Willensfreiheit und unserer Geschicklichkeit entspricht, mit Dingen zu umgeben, die unsere eigene Persönlichkeit spiegeln, seien es Schiffe, Bücher, Kanonen oder Kirchen.

Das stehende Heer, das Zeughaus, Galgen und Feldlager sind kein wesentlicher Besitz des Menschen. Sie sind gewissermaßen ein Index, der angibt, wie weit der Mensch eben jetzt gelangt ist – wie launenhaft und ungezügelt sein Temperament, wie böse sein Nachbar, wie saft- und kraftlos seine Liebe ist und wie armselig seine Hoffnung! Wer das Glitzern der Bajonette liebt, sieht in ihrem Gefunkel nichts andres, als was er zuvor im Herzen empfunden hat. Habsucht und Haß, die bebende Lippe, das kalte, liebeleere Auge, die sind es, die Pulvermagazine und Waffenlager errichtet haben.

Die weitere Folge, die sich hieraus ergibt, ist die, daß der geringste Wandel im Menschen selbst auch seine Lebensverhältnisse umwandelt, – die geringste Erweiterung seines Ideenkreises, der leiseste Wechsel in seinen Empfindungen für andere Menschen, so zum Beispiel, wenn er mit einer warmen Zärtlichkeit gegen seine Mitmenschen erfüllt werden sollte, so daß er in jedem Menschen ein zweites Ich erblickt, mit dem er vielleicht einmal gemeinsame Arbeit verrichten könnte, wie die linke Hand der rechten hilft. Je größere Kreise diese Empfindung ziehen wird, um so überraschendere Veränderungen werden wir ringsum in der Außenwelt wahrnehmen: die Zeltlager werden fallen, die Kriegsschiffe am Ufer vermorschen, die Waffen verrosten; aus Kanonen werden Prellsteine werden, aus Lanzen Harpunen zum Fischfang; die Militärkolonnen werden sich in Züge friedlicher Forscher verwandeln, in Gesellschaften harmloser Pioniere an den

Quellen des Missouri und des Wabash. Es kann nicht anders sein: Zuerst werden Büchse und Schwert nach und nach ihre unbescheidene Aufdringlichkeit fallen lassen, dann werden sie völlig in den Hintergrund treten, wie Galgen und Pranger heute, und schließlich wird man ihnen nur noch in den Kuriositätensammlungen begegnen, wie heute Folterwerkzeugen und Giftbechern.

So geben Frieden und Krieg wie die Quecksilbersäule des Barometers den jeweiligen Stand der Kultur an. Auf einer gewissen Lebensstufe liebt der Mann, wenn er an Leib und Seele gesund ist, den Kampf. Ist er ein wenig weiter vorgeschritten, so vermeidet er selbst einen Anlaß zum Streit, ist aber schnell damit bei der Hand, jegliche Beleidigung zurückzuweisen und von schwer versöhnlicher Gemütsart. In einem noch reiferen Stadium erreicht er die Region heiliger Stille, die leidenschaftlichen Erregungen sind zur Ruhe gekommen, was kriegerisch in seinem Wesen war, hat sich in tätige, heilende Kräfte umgesetzt; er weiß sich zu überwinden, willig nimmt er die ermüdenden Aufgaben der Selbstverleugnung und der mildtätigen Güte auf sich. Wird er angegriffen, so duldet er es und bietet die andre Wange auch dar, wie einer, der fortan durch sein ganzes Leben nicht mehr im Dienste irgendeines einzelnen steht, sondern im Dienste der allen Menschen gemeinsamen Seele.

Seit die Frage des allgemeinen Friedens in weitere Kreise gedrungen ist, gilt es natürlich für die, welche ihre Berechtigung vertreten, manches größeren und geringeren Widerstandes gewärtig zu sein. Die Neugier stellt immer wieder die gleichen Fragen, – sittliche Probleme, ähnlich jenen Rechenexempeln, an deren Lösung die Bauern gelegentlich an langen Winterabenden die Härte ihrer Schädel ausprobieren. Und meist heißt es: Entweder sich durch Dick und Dünn zu diesem Grundsatz bekennen, ihn auf alle Fälle durchführen und die Folgen auf sich nehmen, – oder aber – wenn man eine Grenzlinie zieht »bis hierher und nicht weiter«, den Grundsatz aufgeben und die Sache so lösen, wie sie dem gesunden Menschenverstand am besten entspricht, nämlich einen Angriffskrieg, als verbrecherisch und einen Verteidigungskrieg als gerecht betrachten. Besteht man anderseits darauf, jegliche Kriegsform zu verwerfen, dann gilt es, konsequent sein und auch auf der Landstraße oder im eigenen Hause keine Selbstverteidigung üben. Soll man wirklich so weit gehen? Soll man an diesem Grundsatz, sich niemals zu verteidigen, auch dann festhalten, wenn einem die Kasse erbrochen wird oder wenn einem Weib und Kinder unter den eigenen Augen geschmäht und gemordet werden? Bejaht ihr auch das, heißt es, so ladet ihr Räuber und Mörder geradezu in euer Haus, und bald werden ein paar blutdürstige Tollköpfe die Guten niedermetzeln.

Denjenigen, die das Prinzip unbedingten Friedens durch einen Hinweis auf seine äußersten Konsequenzen ad absurdum geführt zu haben meinen, möchte ich erwidern, daß sie nur die eine Hälfte von Tatsachen ins Auge gefaßt haben. Sie betrachten nur die passive Seite des Friedensfreundes, seine Leidensfähigkeit, und vergessen, daß es auch seine Aktivität erwägen gilt. Wir dürfen aber von vornherein annehmen, daß niemand jemand die Sache des Friedens und der Menschenliebe um des einzigen Zwecks, der einzigen Befriedigung willen, sich ausplündern und totschlagen zu lassen, zu der seinen gemacht haben wird. Ein Mensch wird nicht zum Märtyrer, ohne daß er eine tatsächliche Absicht verfolgt, ohne irgendwelche Beweggründe, die ihm solchen Einsatzes wert erscheinen, ohne irgendeine flammende Liebe! Gibt es irgendwo eine ganze Nation von Menschen, die einen so hohen Kulturstand erreicht haben, daß sie keinen Krieg erklären, noch Waffen tragen wollen, weil solcher Wahnsinn in ihren Hirnen nicht mehr Raum hat, so handelt es sich um eine Nation von Liebenden, von Wohltätern, von wahrhaftigen, großen und hochbefähigten Leuten. Die Nation möchte ich kennen! Ich weiß, ich würde sie nicht träge dasitzen finden, die Hände im Schoß gefaltet! Von Liebe, Ehre und Wahrheit erfüllte Menschen würde ich finden, Menschen von gewaltigem Fleiß, Menschen, deren Einfluß sich über die ganze Welt fühlbar macht. Menschen in deren Blick und Stimme der Urteilsspruch von Ehre oder Schande läge, deren Willensstärke und Überredungsgabe sich alle Kräfte beugen würden. Wo immer wir eine Nation sehen, die die Lehre des Friedens vertritt, da dürfen wir sicher sein, daß es sich nicht um ein Volk handelt, das Beleidigungen herausfordert, sondern dem im Gegenteil im tiefsten Herzen jedes, selbst des wildesten und armseligsten, Menschen ein Freund lebt, ein Volk, gegen das alle Waffen machtlos sind, ein Volk, bei dem die Menschheit eine Stätte des Geborgenseins weiß, zu der sie mit ihren Tränen kommen kann, und die ihre Segenswünsche umkreisen.

Handelt es sich aber darum, was der einzelne Mensch im äußersten und schwierigsten Falle zu tun habe, so halte ich es immerhin für selten, daß einen guten und gerechten Menschen etwas Derartiges treffe. Auch läßt sich vorher kaum bestimmen, was in solcher Lage zu machen sei. Ein Weiser wird sein künftiges Sein und Tun niemals im voraus verpfänden. Er vertraut darauf, daß ihm seine Natur und Gott zur rechten Stunde eingeben werden, wie er zu handeln habe.

Wie läßt sich denn dieses Trachten menschlicher Sehnsucht in Leben und Wirklichkeit umsetzen? Welcher Rat ist es, aus dem Zustand der Gedanken in den der Dinge zu verwandeln?

Sicherlich nicht in erster Linie *auf dem Wege der Routine und bloßer Formen,* – der allgemein üblichen Methode moderner Politik, auch nicht dadurch, daß sich ein Verein bildet, der sein Dasein in einer Reihe von Resolutionen und öffentlichen Demonstrationen kundgibt, damit die öffentliche Meinung und die Zeitungen von ihm Notiz nehmen. Das Spiel haben wir bis zum Überdruß betrieben. Es gibt amerikanische Städte, wo bekannte Zweikämpfer im Vorstand eines Vereins zur Bekämpfung des Duell-Unwesens sitzen. Menschen, die an der schillernden Seifenblase der öffentlichen Meinung Gefallen finden, meinen, wenn sie ihr Zuckerpüppchen nur erstmal durch eine ganze Reihe von Reden und Bravorufen und zwei, drei öffentliche Versammlungen hindurchgehätschelt haben, sei alles getan. Als wenn sie überhaupt etwas tun könnten! Sie stimmen bald für dies und bald für jenes, schreien Hurra auf beiden Seiten, keiner trägt die Verantwortung, keiner kümmert sich im Grunde einen Deut darum. Übers Jahr gibt's einen Indianerkrieg, oder unser Handel wird durch die Malayen beunruhigt, oder die Partei, zu der er gehört, versucht im Kongreß die Genehmigung für eine Besitzergreifung zu bekommen, – gleich stößt er ins andere Horn und ruft: »Mord und Krieg!«

Die öffentliche Meinung ist es nicht, die diese Sache auf ihren Schultern emportragen wird. Das vermag nur die Meinung, die Überzeugung, die tiefe, hingebungsvolle Liebe des einzelnen. Denn die einzige Hoffnung, die es für sie gibt, ist eine tiefere Einsicht. Vollendet aber wird sie nur durch die spontane Lehre einer hochstehenden Seele, die im stillen zu der Erkenntnis durchgedrungen ist, daß es an der Zeit sei, aus dem Zustand des Tieres zu dem des Menschen zu gelangen, einer Seele, die Gottes Stimme hört, welche den Teufeln, die uns

»gezerret und gerissen« haben, gebietet, von uns auszufahren, um fortan »bekleidet und vernünftig« unsere Straße zu ziehen.

Und weiter: Furchtsame Gemüter werden den Friedensgedanken nicht seiner Verwirklichung näher bringen. Feiglinge vermögen ihn nicht zu verteidigen, noch zu fördern. Was Großes geschieht, kann nur von wirklicher Größe vollbracht werden. Der Mannesmut, der sich bisher im Kreis betätigt hat, muß der Sache des Friedens dienstbar gemacht werden, wenn anders der Krieg seinen Reiz für die Menschen verlieren und der Friede ihnen anziehend werden soll.

Die Anziehungskraft, die der Krieg auf die Menschen ausübt, offenbart durch alles Brüllen der Geschütze und Donnern der Belagerungen, durch die Erstürmung von Städten, die Turniere der Ritterschaft und die aufeinander prallenden Feindesheere hindurch die eine, als Überzeugung der gesamten Menschheit, daß ein Mensch mit Gut und Blut selbst verantwortlich ist für sein ganzes Handeln, daß er nicht um die Gunst des Staates zu buhlen, nichts vom Staate zu wollen braucht, daß er selber in sich ein Staat und ein Königreich ist, und keinen Menschen zu fürchten hat, daß er wohl bereit ist, sich der Vorteile und Hilfsmittel zu bedienen, die ihm eine gute Regierung gewährt, aber ebensowenig verzagt, noch sich in Wahrheit ärmer dünkt, wenn Regierung, Gesetz und Ordnung zugrunde gehen sollten. Denn in ihm selbst wohnen unerschöpfliche Hilfsquellen; er ist seiner selbst sicher

und braucht keinen zweiten zu fragen, was er in irgendwelcher kritischen Lage zu tun hat.
Was macht uns die Helden des griechischen und römischen Altertums so anziehend? Was verleiht dem romantischen Zeitalter mit seinem Lehnswesen, seinem französischen und englischen Rittertum, mit seinen Warwicks, seinen Plantagenets einen derartigen Zauber, daß es von Shakespeare bis zu Walter Scott den Stoff zu Tausenden von Romanen und Dramen geliefert hat? Das vollkommene Beruhen aller jener Menschen auf der eigenen Kraft! Mich wundert's nicht, daß einige Anhänger der Friedensidee eine starke Abneigung gegen Shakesspeare empfinden. Kann sich doch kein Bauernlümmel und kein noch so blutiger Jakobiner dem Reiz entziehen, den das ganze Gebahren und Sich-Geben dieser hochmütigen Lords atmet. Wir begeistern uns wie Knaben und Barbaren an dem Auftreten von ein paar reichen und halsstarrigen Herren, die selbst ihre Ehre in die Hand nehmen, dem eignen Mut und der eignen Kraft vertrauen, der ganzen Welt Trotz bieten, und deren bloßes Auftreten eine Offenbarung von Leben und Heldensinn ist. Sind die Zeiten gefahrvoll, so fehlt's ihnen nicht an Gelegenheit, Proben ihres Mutes zu liefern, und daher wirkt ihr Name jedesmal wie ein Trompetentusch. Zum wenigsten sind sie uns lebendige Wirklichkeit. Sie sind keine Theaterfiguren, sie sind der Stoff, daraus jene Zeit und jene Welt gemacht war. Die wahren Helden ihrer Zeit sind sie. Was sie im Herzen hegen, ist ihnen jedes

Opfer wert. Um eine Beleidigung zu sühnen, ist ihnen der ganze Glanz und Reichtum ihres Lebens, ja, ist ihnen ihr Leben selbst nicht zu teuer. Aber nehmt ihnen das Grundgesetz ihres Wesens, ihre Selbstverantwortlichkeit, – und es bleiben Räuber und Schurken übrig.

Dieses absolute Beruhen auf der eigenen Kraft ist der eigentliche Reiz des Krieges, denn ein festes Selbstvertrauen ist uns gleichbedeutend mit Mannhaftigkeit. Aber es steigt eine neue Zeit herauf, eine wahrere Religion, eine tiefere Ethik, und der Mensch ordnet sich ihren Grundsätzen unter. Ich sehe ihn als den Diener der Wahrheit, der Liebe, der Freiheit, ein Fels unter den anstürmenden Wogen der Masse. Der Mensch, der sich selbst und seinen Grundsätzen treu ist, der keines Trompetentusches, keiner Titel und Würden, keiner Leibwache, keines Ruhmes in fernen Landen bedarf, noch ihrer wartet, der Mensch, der in einsamer Stille den rechten Schritt tut, ohne zu wanken, aus eigner Wahl und ohne der Folgen zu achten, der braucht, meines Erachtens keinem andern zu weichen. Er wird sich lieber an seinem eignen Türpfosten aufhängen lassen, als seine Freiheit und seine Überzeugung preisgeben. Was sind mir heute die Namen, die mir einstmals so lebhaft im Ohr klangen? Ein Mann, wie dieser, ist ein Freiherr von besserem Adel und edlerem Blut.

Die Sache des Friedens ist nichts für Memmen! Wahrt und verteidigt man den Frieden um der Furchtsamen und um derer willen, denen Wohlleben über alles geht, so ist es ein Pseudofriede und ein unwürdiger Friede. Dann, wahrlich, ist der Krieg besser, auch wird solcher dann nicht lange auf sich warten lassen. Soll der Friede von Dauer sein, so muß er von tapferen Menschen getragen werden, von Menschen, die um nichts schlechter sind, als Helden, die willens sind, ihr Leben in der Hand zu tragen und es jederzeit für ihre Ideale zu wagen – die aber eins vor dem Helden voraus haben, daß sie niemals nach eines andern Leben trachten –, Menschen, die dank ihrer intellektuellen Einsicht oder ihrer sittlichen Höhe, ihres eigenen innern Wertes so gewiß sind, daß sie weder ihr Eigentum, noch ihr Leben für ein so großes Gut halten, als daß sie es um den Preis eines solchen Hochverrats ihrer Grundsätze retten möchten, wie ein Abschlachten von Menschen es bedeutet.

Wenn der allgemeine Schrei nach der Umgestaltung so vieler alteingewurzelter Mißstände, der die Welt durchdringt, wenn die Sehnsucht einer großen Klasse junger Leute nach einem bisher vergeblich gesuchten Glauben und Hoffen – in intellektueller, wie in religiöser Hinsicht – ein Omen ist, dem wir trauen dürften, wenn die Neigung, sich hinfort in Sinnen und Handeln in höherem Maße auf die noch unergründeten Schätze der menschlichen Natur zu verlassen, wenn das Trachten, den erhabenen Geboten der Sittlichkeit und der Quelle unseres Hoffens und Vertrauens in der Menschenbrust statt in

Büchern nachzugehen, sie in der Gegenwart zu suchen, statt in der Vergangenheit, weiter fortschreitet, wenn die neue Generation dazu kommen wird, es für unwürdig zu erachten, sich in den Greueln der Vergangenheit festzunisten, und den großherzigen Wagemut der Furchtlosigkeit und Tugend zu empfinden, – dann wird die letzte Stunde des Krieges nicht mehr fern sein, und der Brunnen menschlichen Blutes wird bald versiegen.

Es kommt wenig darauf an, durch welche Mittel und auf welche Weise dieses Ziel der Großmut und der sittlichen Höhe erreicht wird. Worauf der Bau unserer Gesellschaft und der gegenwärtige Stand der Ereignisse hinweist, ist zweifellos dies, daß ein Kongreß aller Völker die Sache zu der seinen mache. Hat die Seele diesen Idealen erst einmal Tür und Tor geöffnet, wird sie einen Ausdruck ihres Wollens bald genug finden. Ist nicht die Zeit und die Stätte, da sich dieser Gedanke zum erstenmal geregt hat, wunderbar geeignet? Nicht in einem weltfernen Winkel nicht im altehrwürdigen Europa, nicht unter tausend festgeprägten Normen, wo jeder Schritt vorwärts Revolution bedeutet, ist diese heilige Saat ins Feld gestreut, – nein, in diesem großen Amerika, das Gott und dem Menschen gehört, wo man erst unlängst damit begonnen hat, den Urwald auszulichten und die grüne Erde einer Flut von Einwanderern zu öffnen, die aus allen Landen herbeiströmt, in denen Unterdrückung herrscht und Schuld. Hier, wo nicht eine Familie, nicht einige wenige, nein, wo die Menschheit beschließen kann, was sein soll, hier laßt uns fragen: »Was soll auf Erden herrschen, Krieg oder Frieden?«

Bibliographische Notiz

Die Essays »Die Über-Seele«, »Geistige Gesetze« und »Natur« entstammen dem Buch »Ralph Waldo Emerson, Essays«, übs. v. Dr. Karl Federn und Thora Weigand, Halle ca. 1894–1897.

»Bildung« u. »Schönheit« finden sich in: Ralph Waldo Emerson, Lebensführung, übs. v. Karl Federn, Minden/Westfalen 1901.

»Über den Krieg« erschien in der dt. Übersetzung v. Sophie von Harbou, 1914 Berlin und Leipzig.

Weiter sind von Ralph Waldo Emerson lieferbar:

Essays. Sämtliche Essays der ersten Reihe von 1841, übs. v. Harald Kiczka, Zürich 1983

Natur. Erstlingswerk (1836) des amerikanischen Philosophen und Dichters Ralph Waldo Emerson, hrsg. u. aus d. Engl. v. Harald Kiczka, Schaffhausen 1981

Die Natur, Stuttgart o. J.

Spanne deinen Wagen an die Sterne, Freiburg 1984